加减乘除三十年

——隆秀美小学数学教学经验谈

隆秀美　著

吉林人民出版社

图书在版编目（CIP）数据

加减乘除三十年：隆秀美小学数学教学经验谈 / 隆
秀美著.-- 长春：吉林人民出版社,2021.4（2024.1重印）
ISBN 978-7-206-18065-1

Ⅰ.①加… Ⅱ.①隆… Ⅲ.①小学数学课—教学研究
Ⅳ.①G623.502

中国版本图书馆 CIP 数据核字（2021）第 064954 号

加减乘除三十年：隆秀美小学数学教学经验谈

JIA JIAN CHENG CHU SANSHINIAN：LONG XIUMEI XIAOXUE SHUXUE JIAOXUE JINGYAN TAN

著　　者：隆秀美

责任编辑：王　静　　　　　装帧设计：书鼎文化

出版发行：吉林人民出版社出版（长春市人民大街7548号　邮政编码：130022）

印　　刷：北京一鑫印务有限责任公司

开　　本：787mm×1092mm　　1/16

印　　张：15.75　　　　　字　　数：300千字

标准书号：ISBN 978-7-206-18065-1

版　　次：2021年5月第1版　　　印　　次：2024年1月第2次印刷

定　　价：48.00元

目　录

序

崔兆武 | 文

（一）

课堂是教师的主阵地，是教师展示自身价值的舞台，一举一动，一颦一笑，无不浸透着老师的辛劳。

"大道之行，天下为公。"

"善歌者使人继其声，善教者使人继其志。"

"君子之教，喻也。"

隆秀美老师的智慧课堂充满智慧，很有"数学味儿"，形成了自己的风格。

她对构建智慧课堂进行了不懈的探索，个性与特色，活动与建构，自主与合作，过程与方法，人文与关怀，问题与探究，反思与乐趣，预设与生成，守正与创新，数学与生活……形成了"活动搭台、问题引领、数学唱戏"的教学风格。

（二）

读书好，读好书，好读书。

不与书结缘，很难成为高雅之人。

世界上有多少个朝圣者，就有多少条朝圣路。朝圣很孤独，但你不孤单，很满足。一名真正的优秀老师应该有精深的专业知识、深厚的教育理论基础、开阔的人文视野，这些都要靠阅读。

阅读有目标感、安全感、成就感、幸福感。

让阅读成为一种好习惯，好习惯成就好人生。

教育最可怕的是一群不读书的老师拼命于急功近利、揠苗助长、杀鸡取卵式的开采。

一个人会读书可以改变自己的命运，一群教师会读书可以改变一所学校的命运，千千万万个会读书的教师会改变无数孩子的命运，进而改变国家民族的命运。

书卷气是一个人最好的气质，书香气是一个校园最好的气氛。隆秀美老师是首届东营名师，是最好的老师之一，因为她身上散发着书卷气。

（三）

立德树人是一篇全新的课题。

教书育人，服务育人，管理育人，环境育人，全员育人，情感育人。自我管理，民主管理，目标管理，责任管理，科学管理……

动之以情，晓之以理，导之以行。

守土有责，守土担责，守土尽责。

各美其美，美人之美，美美与共，天下大同。

时下，"核心素养""责任担当"成了热词。身先士卒，挺身而出，靠前指挥，这就是"核心素养"，这就是"责任担当"。

做人不求风风光光，但求堂堂正正；做事不求尽善尽美，但求问心无愧。

典型的案例中力透信仰的光芒，展示了奋斗者的足迹。人民有信仰，民族有希望，国家有力量。

（四）

三十而立。

三十年做老师，三十年学做老师。

师者仁心。为什么你的眼里常含泪水，因为你对这块土地爱得深沉。

"小四班""清华班""书信班"，一桩桩、一件件，没有豪言壮语，有的是生动鲜活的案例，彰显着师者仁心，大爱无疆。一叶落而知天下秋，窥一斑而知全豹。一树一菩提，一花一世界，一滴水折射太阳的光辉。于细微处见真情，于无声处听惊雷。

誓言无声，隆秀美老师用行动践行了"人民教师"的称号，让我们更加深刻理解了"四有教师"的内涵。

云山苍苍，河水泱泱；师者仁心，山高水长。

（作者崔兆武，山东省特级教师、首届山东省正高级教师、黄河口杰出人才。）

第一章　数学教育与案例研究

　　小学数学教育，更重要的任务是训练思维、培养智慧、促进孩子智力发展、使孩子越来越聪明。作为一名小学数学教师，就应该将知识的发生、发展过程与孩子学习知识的心理统一起来，在数学课堂中充分有效地进行思维训练，孩子生活在思考的世界里，数学课堂真正成为孩子积极思考的王国。

"智慧课堂"之我见

"数学是思维的体操""在一个聪明的、有经验的教师手里，上小学的几年对儿童来说，就是思维训练的关键时期……"这些多年传承的至理名言无不表达着同样一种信息：小学数学教育，更重要的任务是训练思维、培养智慧、促进孩子智力发展、使孩子越来越聪明。作为一名小学数学教师，就应该将知识的发生、发展过程与孩子学习知识的心理统一起来，在数学课堂中充分有效地进行思维训练，孩子生活在思考的世界里，数学课堂真正成为孩子积极思考的王国。这样的课堂正是我一直追求的智慧课堂的样子。

本人结合自己三十多年的小学数学课堂教学实践，谈一下对"智慧课堂"的思考和认识。

智慧的课堂是"动静有序"的课堂

新课改之后的小学数学课堂，体现"自主、合作、探究"学习方式的课多了，体现"以人为本"的课也多了。但是我们也看到一些实际存在的问题：有些老师盲目追求课堂的热闹，特别是很多公开课热闹而不实在。这种表面热闹的课堂不是我们追求的智慧课堂的样子，智慧的课堂应该是"动静有序"的课堂。这里的"动"有双层含义，一是指孩子的动手实践、自主探索与合作交流；二是指孩子的"积极思考"。这里的"思考"不只是在头脑里想，在数学课堂上的数学思考很多时候是应当从"做事"中体现出来的：每个孩子准备一个"练习本"，当需要独立思考时，孩子就会在练习本上写写、画画、算算，写、画、算的过程也是孩子在独立思考的基础上展示其思维过程及解题思路的过程。"静"是指孩子在独立思考的过程中，教师要留给孩子充足的时间，真正让每个孩子在静静的思考中形成自己对问题的认识，进而获取知识。这时课堂上所表现出来的"静"，是孩子大脑在高速运转的积极思考的静，此时的静是有价值的静、有思维深度的静。作为教师，我们要珍视这样的时刻，并且努力使课堂经常出现这样的静。因为这时外在的静更能衬托思维的"动"，说明每个孩子在真正动脑思考。这样，课堂上思维的"动"与行为的"静"相互依托，在"做事"中动静结合，形成动静有序的课堂。在动静有序的课堂上，每个孩子真正参与到问题的解决中来，真正在思考。这样的课堂才能真正促进孩子思维和智力的发展，这样的课堂才能称得上是智慧课堂。

智慧的课堂是"留有空白"的课堂

智慧的课堂是那种不要把一切都说到底，而是留有"空白"不要讲完，让孩子主动填补这个"空白"的课堂。苏联教育家苏霍姆林斯基在《给教师的建议》一书中说："在绝大多数情况下，数学教师在一节课上所要讲的时间，不应超过5~7分钟。"也就是说，教师在课堂上不要喋喋不休地讲个不停，而是要善于调动孩子的积极性，激活孩子的已有知识和经验，引发孩子借助已有知识解决新问题。孩子遇到困难时，教师只是在关键处点拨，把更多的时间留给孩子去主动探索、相互交流，孩子只有通过自己的努力去理解的知识，才能成为他自己的知识，才是他真正掌握的知识。在利用已有知识解决新问题的过程中，最有趣的讲述是我们叙述事实，让孩子去分析它们和进行概括。在由事实到概括的过渡中，如果孩子感觉到思维脉搏的跳动，那么这种过渡就是思维最迅猛成长和最富于充实情感的时期。

例如：在学习"异分母分数加减法"时，当出现异分母分数相加的算式后，孩子利用刚刚学过的同分母加减法不能解决异分母分数相加减的问题，但是我并没有直接告知或喋喋不休地进行讲解，而是让孩子尝试计算。

在尝试过程中有的孩子将分数化成小数：$1/2 + 1/4 = 0.5 + 0.25 = 0.75$；

有的孩子借助画图：

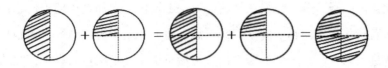

他们发现2份中的1份相当于4份中的2份，所以把1/2＋1/4想成2/4＋1/4＝3/4，实际是把分母不同的分数转化成了分母相同的分数进行计算，即把新知转化为旧知进行计算。这一过程，实际就是孩子把已获得的知识变成掌握新知识的手段，变成思维的工具的问题。在这里，教师留有的"空白"，把有些内容故意留着不要讲完，实际上是给孩子的思维设置一个诱饵，引导、激励孩子自己去思考、去发现、去填补这个"空白"，使孩子通过思考，借助已有知识来解决新问题。这样的课堂，才真正是智慧的课堂，这样的学校才真正是训练孩子思维的学校。

智慧的课堂是"目中有人"的课堂

这里的"目中有人"指教师在课堂上不是把注意力集中在自己的思考和教学内容上，而是把80%的精力用在了孩子身上，教师关注的是孩子的思维水平与思维能力以及孩子在学习过程中所遇到的困难。也就是说，课堂上教师所关注的中心点，不是在自己的讲述上，而是关注孩子的思维状态。只有这样，教师才能从孩子的眼神里看出他们是懂了还是没懂，甚至能看出和想象出孩子的脑力劳动情况，并且能根据当时的具体情况巧妙地、在孩子不知不觉之中做出相应的变动，及时调整自己的教学思路，适时地增加一些事例以帮助孩子理解所学内容，这样就能及时了解每个孩子掌握知识的情况；并且对那些"难教"的、理解力差的孩子要特别耐心地对待，尽最大努力引导这些孩子独立去发现真理，让他们也同样体会到成功的快乐。这样的课堂真正做到了"以人为本"，是真正的智慧课堂。

智慧的课堂是"带着问题走进课堂，又带着新问题走出课堂"的课堂

"学起于思，思缘于疑"，智慧的课堂应当是让孩子"带着问题走进课堂，

又带着新问题走出课堂"的课堂。例如在教学《植树问题》时，课前，播放植树造林的视频，孩子了解了植树造林的好处。上课伊始老师直接提出问题："植树中也隐藏着一些数学问题，同学们想不想去研究一下植树中的数学问题？"带着这个问题进入课堂，孩子们的探究欲望被激发出来，积极投入自主探究植树的数学问题中来。课末，教师做总结提升：这节课我们研究的植树问题实际上是"直线上点和线之间关系的问题"。这样的提升指向本节课所研究的植树问题的数学本质，提升已经很到位了。但是教师又将话锋一转："同学们想不想进一步了解封闭图形上（课件中顺势出示几个圆形、椭圆形、正方形、长方形等封闭图形）的植树问题？在封闭图形上植树和我们今天研究的在直线上的植树问题有没有关联呢？课下同学们可以研究一下，下一节课我们来交流。"老师留的这一问题"尾巴"，将孩子课内研究植树问题的兴趣延伸到课外，这样就弥补了课堂上因为时间有限，不能进一步探究的缺陷，让孩子带着新问题走出课堂，激发孩子的好奇心和求知欲，他们会自主自发地去探索、研究，真正调动了孩子探究的欲望和兴趣。

智慧离不开紧张的动脑，离不开思考，离不开独立的探索，智慧课堂还应当是孩子主动获取知识的课堂、展示孩子原始思维状态和脑力劳动的独立性的课堂……总之，只有当教师给孩子带来思考，在思考中表现自己，用思考来指挥孩子，用思考来使孩子折服和钦佩的时候，他才能成为孩子心灵的征服者、教育者和指导者，才能被称为智慧型的教师，智慧型教师呈现的课堂一定是智慧课堂。

拆除"围墙"的课堂

传统的数学课堂，总认为只有把孩子圈在教室里，认真听讲，才能让他们学到知识。但新课程理念的一大飞跃是"由科学世界回归到生活世界"，即课程由理性的、抽象的科学世界回归到直观的、形象的生活世界，由原来的关注科学规律和法则回归为关注儿童的情感和体验，关注儿童的发展。《数学新课程标准》这些理念与苏霍姆林斯基《给教师的建议》一书中《"思维课"——到自然界去旅游》的观点不谋而合：儿童在课堂上要掌握的抽象真理和概括越多，这种脑力劳动越紧张，那么儿童就越应当经常到知识的最初源泉——自然界里去，周围世界的形象和画面就应当越鲜明地印入他的意识里去。如果把周围世界作为儿童身在其中学习、思考、识记和推理的环境，那么随着儿童的入学，他的记忆的敏锐性、思维的鲜明性会进一步增强。在这种理念的引领下，我大胆尝试，让孩子走出教室，在现实生活中学习数学。

情境一：将课堂搬进超市

在学习了《购物》（北师大版一年级下册）之后，我带领孩子进行了一次到超市购物的课堂实践活动。超市购物情境再现：

一生手拿一小瓶"高乐高"犹豫着。

师（走过去）：你想买这个吗？（她没有正面回答，不好意思地又把商品放回到货架上。）

师（帮她拿下来）：怎么，又不想买了？

她点了点头。我想，她之所以拿起来又放下，很可能是因为对商品标价还不是很理解（因为在课前布置任务时我特别强调每人最多带 10 元钱，而这件商品

的标价是 22.50 元）。虽然在课堂上讲过超市里用小数表示的商品标价与我们刚
学过的元、角、分之间的互化关系，但那些书本上的知识离孩子生活太远，像
"元角分""时分秒""认识方向"这些与生活紧密相关的数学内容，如果孩子
在生活中没有提前接触，单凭一两节课的学习是很难让全班所有孩子都当堂学会
的。因为孩子本身就有差异，再就是有生活经验和没有生活经验的差别会更大。
所以说孩子仅靠一两节课的学习还不能把商品标价准确换算成几元几角几分也是
很正常的。针对这一情况，我在超市进行了现场教学：

师（指着这个商品的标价耐心地问）：你看，这上面写着"22.50 元"，你
能说出它的价格是多少吗？

生：2 元 5 角。

师（又拿过一个标着"2.50 元"的商品）：那你看它的价格是多少呢？

生：2 元 5 角。

又是一个"2 元 5 角"，她脱口而出。但是当她说出这个"2 元 5 角"时，
似乎一下明白了什么。接着，她重新拿过那瓶"高乐高"不好意思地说："老
师，这个不是 2 元 5 角，应该是 22 元 5 角。"我摸了摸她的头，会意地笑了。
她也高兴地跑开了，继续去挑选自己喜欢的物品。我相信，有了这次顿悟，这个
知识点对她来说或许是一生都不可能忘记的。

【点评】将课堂搬进超市，在生活情境中学习数学，能创设一些教室内不
可能出现的现实情景。当孩子在购物过程中遇到困惑时，作为教师，没有敷衍
了事，而是捕捉并利用了这些在生活课堂中生成的课堂资源展开教学，使孩子
明白了"22.50 元"和"2.50 元"的区别，这也是把孩子"圈"在教室内不可
能存在的现实情境，更是本节课把课堂搬到超市的初衷与亮点。

情境二：身在此境中，理解更深刻

学习《方向与位置》（青岛版教材二年级上册）时，第一节课我就带领孩子
们来到了操场上。

师：看，太阳公公已经升起来了，你们知道太阳升起的方向吗？

生：东方（孩子异口同声地回答，而且由于所在位置不同，手指的方向也都不同，有些同学嘴里明明说着东，手却指着"南"或"北"）。

分析：凭已有生活经验，孩子早已知道了"太阳早上从东方升起"这一事实，但是并不是所有孩子都知道生活中"东南西北"的具体位置。

《数学课程标准》中明确指出：数学教学活动必须建立在孩子已有的认知水平和知识经验的基础上。因此在这个知识点上我没有按部就班地直接讲解，而是让孩子以小组为单位，互相指一指、说一说生活中东南西北四个方向，既避免了学习数学的枯燥感，又使他们在合作交流中，借助在生活中对方向已经有认识的孩子的经验互相学习，初步认识生活中东西南北几个不同的方向。

小组学习的力量是不可估量的。以前，个别同学对生活中的这些具体方位还比较模糊，但在小组学习中，他们互相启发、帮助，很快就掌握了这个知识点。

在此基础上再展开教学：

（1）借助儿歌细化要求："早上起来，面向太阳，前面是东，后面是西，左边是北，右边是南。"借助这首在语文课上已经学过的儿歌，让孩子一边背儿歌一边指方向，帮孩子记住生活中的东南西北各个方向。

（2）借助一个方向辨认其他方向：集体面朝东站立，向右转。提问：现在你面向什么方向？继续向右转，依次是东、南、西、北。（多次体会，达到从某一个方面向右转，依次说出与它相邻的方向。）

（3）站在一个位置不动，依次说出你的前后左右各是什么方向？（如：面朝北，每个同学都准确地说出了前北、后南、左西、右东；再换个方向多次体会，明确：面朝一个位置，能说出前后左右各是什么方向。）

（4）师（站在操场上）：你能说出操场的北面、南面、东面、西面各有什么吗？（固定一个点，说出它的四个方向各有什么。）

生1：北面是我们的教学楼。

生2：南面是实验中学的宿舍楼。

生3：东面有办公楼、锅炉房，还有教育局的宿舍楼。

生4：西面有电化教室和我们老师的住宅楼。

【点评】听了他们如此准确的描述，我情不自禁给他们点赞。在室内上课是无论如何都不会收到这样的效果的。而一旦让孩子走出教室，在自然环境中去体验和感悟，就会收到意想不到的效果，正可谓"身在此境中，理解更深刻"。

情境三：听来的容易忘，看到的记不住，只有亲自体验才能学得会

在学习《观察物体》（青岛版教材二年级上册）时，对"站在一个位置不动，观察同一个物体，你可能会看到一个物体的几个面？最多看到几个面？"这个问题，我让孩子充分体验，站在不同的位置分别去观察、充分去体验。

生1：我能看到两个面。（"我也是"，有同学附和着。）

生2：我能看到三个面。（"对对，我也是看到三个面"。）

生3：我能看到四个面。（多数的同学"啊"了一声。）

生4（反驳道）：你肯定是没听清老师的要求，移动了你的视线，要不怎么会看到四个面呢？你站在一个位置不动，眼睛也不要随便转移，再试试。

生3（他又站在另一个位置，一动不动地看）：刚才真是我不小心把视线转移了，谢谢你的指正。

同学们在讨论交流的过程中始终没有出现看到一个面的情况。我知道这是因为受空间的制约，孩子在教室内只能观察到粉笔盒、纸盒、药盒之类的小物品，只能体会到"站在一个位置不动，能观察到一个物体的两个面、三个面，而且最多能看到三个面"的情况，但没有体会出"站在一个位置不动，只能观察到物体的一个面"的情况。这样仅在室内教学就有了局限性。于是，我又一次带领孩子走出了"围墙"，来到了校园里，观察学校西南方向的教职工宿舍楼。并让他们由远及近去观察，体会所观察到的楼房的面有什么不同。

"我看到了两个面"。刚走出教学楼，有的同学就嚷开了（因为刚走出教室，我们是在楼房的东北角来观察，所以看到的是楼房的两个面）。我们边走边观察，刚开始，无论怎么看，都是看到楼房的两个面。不经意间，我和孩子们走到了宿舍楼的正东方，而且越走离楼房越近。

一个同学惊奇又异常激动地说："老师，我站在这儿怎么只能看到一个面？"其他同学听到后，也纷纷跑到这个位置来观察，哇！真的是只能看到一个面。

我又让他们顺着这个方向继续往前走，进一步观察，并且在这个位置的周围多观察几遍，进一步体会在什么情况下又可以看到楼房的两个面了，在此基础上再组织孩子们在小组内交流。

生1：刚开始我们走出教室，看到的是楼房的两个面，因为我们是站在楼房的一个角上来观察的。

生2补充：当我们来到楼房的一侧时，走到了一定位置就只能看到它的一个面了。

生3：但不管怎么观察只能看到楼房的两个面，为什么看不到三个面呢？在教室内观察的物体是可以看到三个面的。

师：这个同学非常善于思考，我们一起来想一想为什么我们看不到楼房的第三个面呢？

生4：因为楼房太高太大了，我们又不能跑到高空去观察（生已经有了体会，观察楼房这么大的物体，我们有只能站在地面观察的局限性）。

生5：我们变成小鸟飞到高空就能看到楼房的三个面了（全班哄堂大笑）。

师追问：这个同学说的有没有道理？（生思考、讨论、交流后认为是可能的。）

师进一步追问：结合咱们观察物体的这些经验，现在你觉得"站在一个位置不动，可能观察到物体的（　　　）个面，最多能看到（　　　）个面"？

生6迫不及待地讲述：站在一个位置不动，可能看到一个面、两个面、三个面，最多看到三个面。

他们的话音刚落，同学们送上了热烈的掌声，响彻了整个操场。看来他的回答道出了同学们的心声。

【点评】多么精彩的瞬间！多么精彩的课堂！如果仅仅在教室，很难讲清，也很难让孩子理解，可一旦走出"围墙"，问题就会迎刃而解。这源于他们对生活的亲身体验与感悟。

实践证明：知识是不受空间限制的，拆除教室这道"围墙"，孩子走出教室，生活空间也可以成为学习数学的课堂，而且拆除了"围墙"的数学课堂更能体现孩子思维的"真实性"，展示出"原汁原味"的数学课堂。正是因为有超市购物的亲身体验，有早上太阳升起的真实画面，有走到楼房的一个正面、而且离楼房越来越近时才能只看到楼房的一个面的切身体会，孩子的思维不断地受这些真实情境的浇灌，孩子们才会体会到在教室内无法体会到的一些真实感受。看来，拆除"围墙"、不让学校的大门把儿童的意识跟周围世界隔绝开来，这一点是多么重要啊。

加减乘除三十年
——隆秀美小学数学教学经验谈

在差错中彰显教师的人格魅力

古人云："君子之过也，如日月之食。过也，人皆见之；更也，人皆仰之。"这是古人对待错误和改正错误的一种正确认识。人非圣贤，孰能无过？作为教师，在日常的课堂教学中也不可避免地会出现错误。那么，我们应该怎样巧妙地处理错误、善待错误，真正让错误成为一种教育资源、教育契机，使错误显现出其价值呢？笔者仅以两个小案例阐述我的观点与做法。

案例一：

在学习了北师大版小学数学第九册第一单元"数的奇偶性"之后，有一道题目是这样的："9＋5＋A＋3＋B＝偶数，判断 A 和 B 的奇偶性是否相同。"当时我没有细读，仓促瞟过一眼后就按自己的理解批阅了作业。当时我的理解是这样的：因为 9＋5＋A＋3＋B＝偶数，并且 9＋5＋3 的和——17 是奇数，根据"奇数＋奇数＝偶数"这一推论，只有 A＋B 的和是奇数时才能保证"9＋5＋A＋3＋B＝偶数"这一结论成立。既然 A＋B 的和必须是奇数，那就是说要么 A 是偶数，B 是奇数；要么 A 是奇数，B 是偶数。所以 A 和 B 的奇偶性是等可能的。

结果在课堂上，当我讲到这道题目的时候，出现了太多不同的声音，他们强烈地向我抗议，并且"肆无忌惮"地向我发起了"围攻"：

生 1：老师，不是这样！

生 2：人家是问"奇偶性是否相同"，而不是问"奇偶性的可能性怎样"。

生 3：奇偶性相同是指他们是否同时是偶数或奇数。

生 4（着急地打着手势）：也就是说，题中的 A 和 B 如果同时是偶数或者同时是奇数，那么就说 A 和 B 的奇偶性是相同的；如果不是这样，那奇偶性就是不同的。

生5：通过分析我们已经明确A＋B的和必须是奇数，那就是说要么A是偶数，B是奇数；要么A是奇数，B是偶数。所以说A和B的奇偶性是不相同的。

……

很显然，我之前的理解是错误的。针对我的错误，孩子中出现了两个"派队"：一队是不坚持原则或没有主见，盲目崇拜、尾追跟随者；另一队则是上面那些与我对峙交锋者。但我欣赏的不是那些盲目追风者，而是那些与我据理力争者。因为他们"趾高气昂"的精神状态背后，折射出的是他们那种不唯师、不唯上，对知识追求真理的事实状态，这种事实状态让我真正感受到了与新课程同成长起来的我和孩子们，在新课程理念的引领与沐浴下，已完全从传统的藩篱中"挣脱"出来，回归到理想的、新课程理念下的课堂中来。这是我们一直以来努力追求的课堂状态，现在已变成了自然状态下的真实课堂，我欣慰，我高兴，我和孩子共成长！

在铁的证据面前我只有"投降"认输了，于是，我真诚地对孩子们说："首先我要为刚才坚持真理的同学送上掌声（我带头鼓起掌来，顿时教室内的掌声如雷贯耳），同时我也非常感谢你们对我的帮助，通过你们的发言使我认识到自己对这道题的理解确实有偏差和错误，更让我知道了解决问题时要多读几遍题目，认真分析题意，只有这样才不会犯我这样的错误。'明白人明白的道理是一样的，不明白的人是各有各的困惑'。是你们把我从困惑与泥泞中解救出来，我现在是大彻大悟了。不过，我也要向你们提一点要求，如果以后你们都能像我这样把自己出现错误的知识点真正理解透了，而且知道错在哪儿，并明确该如何改正，那我们就真正做到了把'差错作为一种资源'，也只有这样，错误才能显现出它的价值。你们说对吗？"孩子们听后拍手叫好，并积极响应以后一定要做个明明白白的人。

案例二：

学习了"方向与位置"后，孩子A这样描述她从学校到家的路线："……向东拐，再往南就是我家，我家住在医院对面。"但是她在图中指示的方向却是

"向西拐，然后向北走"到家。我以此为例进行错例分析时，把图画在了黑板上。由于当时我只考虑"向东拐"，在图上应该是向右画箭头。但是，对于"往南拐"我却不假思索地顺手往上画了箭头。这时，一个反应机敏的孩子 B 马上站起来纠正："老师，我觉得你画的也不对。因为 A 同学的家在医院对面，医院大门是朝南的，那她回家应该是向南拐，应该往下画。而你往上画，那不就成了往北拐了吗？"对课堂上的这种尴尬局面，如果是以前，我或许会责怪这个孩子，竟然在同学们面前出老师的"丑"！但在新课程理念的沐浴下，我坦然地接受了孩子的批评："谢谢你给老师指出了错误。同时也说明你是一个善于倾听、善于思考、善于动脑的孩子，这些都是很好的学习习惯，非常值得同学们学习……"听了我的话，B 同学倒有点儿不好意思了，小脸涨得通红，但灿烂的笑容却掩饰不住其内心的激动和喜悦。其他同学在他的感染下，思维也活跃起来，课堂气氛变得轻松、和谐了许多。一路走来，整个课堂充满了"磁性"，孩子们被深深地吸引了……

【反思】教学的过程是师生共创共生的过程。在上述两个案例中，当孩子向老师指出错误时，我没有感到尴尬、难堪，更没有回避、搪塞，而是非常从容、勇敢地向孩子承认错误，这正是新课程理念赋予我的勇气。当孩子给我指出错误后我不仅能做到坦然面对，而且对那些坚持真理的孩子送上了掌声，这掌声应该是对孩子最高的评价与激励，这无形中对孩子是一种引领，让他们真切地感受到：老师和我们是平等的，老师出现错误我们也可以批评、指正。这是多么和谐、民主、融洽、新型、理想的师生关系呀！在这样的氛围中孩子们与我的距离一下子拉近了，我早已不再是传统理念下的那种"师者为上""唯我独尊"的教师形象，而真正成了孩子心目中的朋友。在参与中我与孩子分享彼此的思考、经验和知识，一道寻求真理，勇敢地承认自己的错误，让孩子看见老师的坦诚。正因为这样，孩子们才会更加依恋我、喜欢我，也会更加喜欢我的课堂，才敢在我的课堂上畅所欲言。因此，课堂气氛才变得更加和谐、更加轻松，才使得课堂里充满了"磁性"。

更重要的是，我在坦然承认自己错误的同时，也向孩子提出了以后对待错误的态度和要求，这对孩子又是一种学法的指导与提升。在这种潜移默化的影响与感召下，孩子才会逐步形成良好的学习习惯和思维品质，这种教育才是真正为孩子终身发展而奠基的教育，孩子将受益终身。我欣慰，我又一次向孩子展示了自己的人格魅力和教学思想，我期待能以这种独特的魅力和思想影响和带动孩子，感染和教育孩子。

寻找最佳切入点，巧妙突破疑难点

——《走进军营》教后反思

【案例背景】

有关"方向与位置"的内容是新课改以来新加的内容，在以往的课程体系中，这样的内容显得无足轻重，被排斥在了数学课程之外。然而，"方向与位置"的知识与人们的生活紧密相关，了解、探索和掌握"方向与位置"的知识，能帮孩子解决生活中的一些实际问题，让孩子真真切切地感受到数学"源于生活，用于生活"，密切数学与生活的联系。培养孩子的创新精神和实践能力是"标准"中提出的重要目标，而空间观念是创新精神所需的基本元素，"方向与位置"内容，又是培养孩子空间观念的重要资源。所以说，"方向与位置"知识的教学就显得尤为重要。

但是，作为新课程新加的内容，"方向与位置"的教学又成为摆在老师们面前的新课题，对其中一些疑难点问题的突破，更是让我们绞尽脑汁。在向"高人"请教的同时，我们也在摸索中前行，在学习中提高。从事小学数学教学31年，人教版、北师大版、青岛版几个不同版本的教材我都教过，每次使用新教材，对老师们来说都是一次挑战，每次更换新教材我都是第一批尝试者，带领老师在亦教亦学，亦教亦思的过程中，积累琢磨出了"寻找最佳切入点，巧妙突破疑难点"的教学策略与方法。现以"方向与位置——《走进军营》"一课为例与大家分享。

【案例描述】

《走进军营》是北师大版六三制小学数学教材五年级下册第六单元的内容，

本节课的教学目标是让孩子能用数对确定位置。这一内容是在第一学段"方向与位置"中按行、列确定位置的延续，也是第三学段进一步学习相关知识的基础。学好这部分内容对于孩子认识自己的生活环境、发展孩子的空间观念及后续学习有着非常重要的意义。

上课伊始，我运用了教材创设的"走进军营——小战士在进行队列训练"的情景（对小孩子来说，军营总是充满神秘并令他们向往的地方，所以在很大程度上大大激发了孩子的学习兴趣），开门见山、直奔主题，提出："小强在什么位置？"

生根据已有的生活经验和知识基础给出了几种不同的描述。

师及时引领与提升。

生由"用自己的方法确定位置"过渡到"用列与行的方法确定位置"，再到"用数对的方法确定位置"。在这一过程中，生从"不准确的描述不能确定某人的位置"中体会到统一标准、学习新知的必要性。随着表示方法的不断简练，孩子对知识的理解更加深入，在欣赏到数学的简约之美的同时，也经历了由"实物图——点子图——方格图"的不断抽象的过程。

"数学源于生活，用于生活"，用学过的知识解决生活中的实际问题，是数学课程的基本目标之一。因此，我就地取材，让孩子们结合自己的座次用数对表示自己的位置。巡视的结果令我瞠目结舌、目瞪口呆：

生1应该是在第5列第6行（当时教室里一共有8列7行）的位置，而他却表示成了（4，6），生2应该是在第1列第3行，她却表示成了（8，3）……出现这样错误的孩子还有几个，发现这样的错误后，我没有慌乱，而是认真分析了孩子出现这种错误的原因：原来孩子在观察军营情景图时，所有人都是处在观察者的角度来看的。而表示自己位置时，自己处在方阵之内（身在其中），孩子只考虑第几列是从左往右数，而没有分清是处在"观察者"的角度，还是以"身在其中"的自己为标准。"身在其中"自己的"左"正好是观察者的"右"，也就是说，孩子坐在座位上，与观察者的左右正好是相反的。所以才会出现以观察者的角度来看是"第5列第6行"的位置，孩子却认为是"第4列第6行"的情况。

明确这种错误后，我及时把课的程序做出了调整：把孩子们上课的情景拍成了照片"搬到"屏幕上。当孩子们看到自己的"光辉"形象呈现在屏幕上的时候，兴致大增。对他们刚才根据实际生活情景表示自己的位置中出现的错误我只字不提，而是让他们依据照片用数对再次表示自己的位置，并强调把两次表示的结果进行对比。此时教室里开始有唏嘘声："哎？怎么两次的表示结果不一样？"这种声音此起彼伏。有一部分孩子听到后感到惊讶："怎么会不一样呢？我看看！"教室里出现了两种不同的声音，孩子头脑中产生了疑问。疑问是思考的源泉，疑问本身就是激发求知愿望的刺激物。我看"火候"已到，于是把"球"抛给了孩子：观察你两次表示的结果是否相同，如果不同，分析一下原因（两次表示结果相同的同学，可以帮其他同学分析一下）。教室里陷入了片刻的寂静状态，这种寂静，是孩子在聚精会神地进行思考。而后又进行了小小的争论，两三分钟后，孩子们陆陆续续安静下来。"有想法了？谁来说一说？"我征求他们的意见。多数孩子有表达的欲望，开始交流：

生1：我两次表示的结果不一样，通过分析、比较，我发现在观察照片和军营情景图的时候，"从左往右数"是以我们观察者的角度来看的，而刚才根据我们座次表示自己的位置时，我们是坐在自己座位上，如果还以自己的"左"为准，那就正好和观察者的"左"相反了。

生2：就是说老师站在那儿看着我们，老师是以观察者的角度来看我们的，而我们正好和老师是面对面，我们的左右是反着的。

生3：我们在用数对表示位置的时候，要以观察者为准，从观察者的左往右数确定第1列、第2列……

生4：刚才我的错误就出在这里，我们虽然人坐在座位上，但是用数对表示自己位置的时候，要从观察者的角度去考虑才行，要不就正好反了。

在孩子们你一言我一语的描述中，课堂上孩子出现的错误暴露无遗，且他们分析得头头是道，有理有据。像这样在很多老师眼里都认为很难处理的问题，经过笔者的巧妙处理（把照片搬到屏幕上），就使得问题化难为易，迎刃而解了。

【案例反思】

（一）利用错误资源，凸显知识形成过程，发展空间观念

"错误本身乃是达到真理的一个必然的环节"。"正确的，可能只是模仿；错误的，却可能是创新"。课堂是允许孩子出错的地方，出错是孩子的权利，帮助孩子不再犯同样的差错是教师的义务。因此，孩子作为发展中的人，在探索知识的过程中，犯点儿错误并不可怕，关键是教师如何利用错误资源进行下一步的教学。

1．尝试中出错

本课例对"结合孩子座次这一生活情景，正确理解自己位置的表示方法"的处理中，关键问题就是让孩子感悟到自己坐在位子上用数对表示自己的位置时，"从左往右数"是以观察者的角度为准，而不是以坐在位子上的自己为准。这一环节的处理，多数老师都是直接告知，没有孩子体验、感悟的过程。而笔者恰恰是在这一点上有所突破，"孩子坐在座位上表示自己的位置"这一现实生活情景，与之前观察的军营的情景图有着本质的区别（但对于初学的孩子来说，他们完全没有意识到），而孩子仍以原来的思路表示自己的位置。结果显然是错误的，但这时的错误是有价值、有意义的，为后续学习和进一步探究提供了素材。

2．对比中悟错

出现这一错误后，笔者没有慌乱，而是根据课堂上孩子的表现及时地把课堂程序做了相应的变动：提供了孩子上课情景的照片，让孩子在照片中找到自己的位置并用数对表示出来。然后将两次表示的结果进行对比，在对比中让孩子自己发现错误，并在好奇心与求知欲的驱使下，自发地、积极主动地投入到探究错误原因的活动中。

3．交流中明错

在经过了独立思考与交流后，汇报的同学发言很是精彩，从中可以看出错误的同学已经明确了错误的原因，并找到错误的根源。在这一环节中，教师没有过多地讲解，只是提供了具体的情景和素材，真正做到了"在提供事实上是慷慨的，而在概括结论上是吝啬的"。这一主动获取知识的过程，真正触动了孩子思维的琴弦，凸显了孩子知识形成的过程。这种思考是结合情景进行的思考，是在尝试、对比、交流中一步一步逼近正确的结论，是渗透坐标思想、发展孩子空间观念的必经之路。

（二）寻找最佳切入点，突破疑难点

教育的技巧并不在于能预见课的所有细节，而在于根据当时的具体情况，巧妙地、在孩子不知不觉之中做出相应的变动。

在本课例中，在借助军营情景图学习了用数对表示位置的基础上，让孩子表示自己在教室的位置。是为了体现"数学与生活的密切联系""用学过的数学知识解决生活中的实际问题"等课程理念，但并没有预见到会有那么多的孩子出现错误。在巡视中我发现这种情况后，及时做出了调整，当把照片搬到屏幕上的时候，这种贴近孩子现实生活的图片，一下拉近了孩子与数学的距离，使数学与生活融为一体。孩子们兴致大增，投入程度明显提高，这也为后面突破本课的疑难点提供了强有力的支撑。这时孩子以观察者的角度去看照片中的自己，与观察军营中的图片是一致的，所以孩子能非常准确地表示出自己在照片中的位置。

其实，"照片"正是解决孩子疑难问题的关键点，如果不拍成照片，仅凭教师的讲解，强调他们坐在座位上与观察者的角度是相反的，孩子可能也硬性记住。但是新课程强调孩子要有充分的从事数学活动的时间和空间，在自主探究、亲身实践、合作交流的氛围中，解除困惑。因此，笔者把孩子的照片呈现在屏幕上，旨在让孩子在亲身体验与探索中，比较、交流、倾听、质疑直至感到豁然开朗，明确错误根源。这是数学学习的一种新境界。同样是获取知识，但其途径和效果是不同的，对孩子的思维能力和空间观念的培养更是不同的。

作为一线教师，课堂是我们的舞台，每天站在这个舞台上，能否跳出迷人的舞姿吸引孩子，关键就是在一些疑难点问题的处理上，能否找到最佳切入点，让孩子在不知不觉中使疑难问题迎刃而解。正如苏霍姆林斯基所说：一个好的教师，并不见得能明察秋毫地预见到他的课将如何发展，但是他能根据课堂本身所提示的孩子的思维的逻辑和规律性来选择必要的途径走下去。

让孩子兴奋与激动的数学课堂

——《露在外面的面》教后反思

《露在外面的面》是北师大版小学数学教材第十册第二单元的内容，是孩子在认识了长方体的特征及长方体表面积计算的基础上进行学习的。这部分内容属于新教材新加的部分，我也是第一次接触，总感觉有点怵头，不敢冒昧。所以在上这单元的课程前我们在教研组内进行了深入的探讨与研究，最后把教学的重点落脚到通过学具操作、观察、体验等活动，让孩子算出露在外面的面的个数，进而发现规律。

本节课是分两个环节进行教学的：

第一个环节是观察靠墙角摆放的正方体。我先通过实物演示，把一个正方体学具放在桌面上（一面遮挡），让孩子回答露在外面的面有几个（使孩子理解"露在外面的面"的意思，并注意与"站在某一角度固定不动观察某一长方体最多能看到几个面"的区别）。再放在黑板底框（两面遮挡），最后联系教室里靠墙角摆放的书橱，观察它有几个面露在外面，进而利用课件引导孩子观察靠墙角摆放的一个小正方体有几个面露在外面。接着展示两个、三个……每次都是重点让孩子说出他们各自不同的观察方法，并进行对比，在观察和比较中使孩子慢慢感悟到更为科学、实用、可行的观察方法。即分别从露出的正面、上面、侧面观察各有几个面露在外面，最后把三个方位露在外面的面相加，就是整个图形露在外面的面的个数。所有这些，完全是孩子在观察与思考中，自己观察、发现、体验、感悟出来的，所以孩子理解得特别好。正可谓"听来的记不住，看到的容易忘，只有亲自体验才有所感悟"。

第二环节是找规律：即引导孩子发现堆放的正方体个数与露在外面的面数的

变化规律。对这部分内容，在备课时，我们认为孩子在具体情景下，计算有几个面露在外面应该没什么困难，但是对于总结规律，我们感觉对孩子来说有一定难度。为了突破这一难点，我让孩子带了足够多的小正方体积木，课堂上让孩子充分进行操作活动，并在每次活动中及时记录露在外面的面的个数，通过画表格，观察数据，引导孩子发现：只有一个正方体时是 5 个面露在外面，以后每增加一个正方体，露在外面的面就增加 3 个。如果孩子能说到这个程度上，我们也就心满意足了。但是，在实际的操作活动中，在孩子们充分体验与感悟的基础上，孩子们的潜能得以淋漓尽致的开发与展现，在巡视指导的过程中，我发现有的孩子不仅能用上述语言描述规律，而且能用一个公式来表达：正方体的个数×3＋2＝露在外面的面的个数。了解了这一情况，在汇报的过程中，我根据孩子所找的规律的层次性进行汇报。第一个汇报的同学没有说清楚前提条件：只有一个正方体时是 5 个面露在外面；第二个同学能把发现的规律表述完整；第三个同学就是用公式来表达的同学。当第三个同学汇报后，我对其深入思考并善于用简练的形式表述规律这一做法给予高度的评价，以此把课带入高潮。但是意想不到的是，意外的精彩就在一句有价值的追问中产生了。有一个虽然没有想到用公式来表示，但是善于对问题进行深入思考的孩子追问："为什么用正方体的个数×3＋2 就等于露在外面的面的个数？"这个问题确实很尖锐，也很难回答。但是，得出公式的同学毫不示弱，拿起手中的学具，不断地增加变换正方体的块数并解释：以横着摆依次摆开为例，不管增加几个小正方体但是其侧面都是各有一个是不变的，这就是要加的那个"2"，而另外露在外面的还有前、后面和上面，这三个方位每个方位上露出的面的个数正好与小正方体的个数是一样的。也就是说，有 3 个小正方体，那么它的前后面、上面各露出 3 个面，即 3 个 3；如果是 4 个，那就是 4 个 3；5 个就是 5 个 3……依次类推，所以就是用"小正方体的个数×3"，再加上侧面的 2 个，就得到了：正方体的个数×3＋2 就等于露在外面的面的个数。孩子说得头头是道，有板有眼，让所有同学心服口服，更让我震惊与赞叹——顿时，掌声四起。得出公式，这完全在我的预设之外，备课时我们预测，孩子能说出"每增加一个小正方体，露在外面的面就增加 3 个"就足矣，所以课堂上根本就没敢奢望孩子能说出公式。现在看来，我们还真是低估了孩子们，他们非但能推导出公式，而且还能分析得如此透彻。实在是太精彩了！既然孩子们能描述出公式，于是我就顺水推舟又引领孩子们把公式进一步简约化——数形结合思想的渗透，进而引入用字母表示为 3n＋2，把本节课真正上到了炉火纯青的地步。并且对于下一个规律的探索我完全放给了孩子们，"前有车，后有辙"，即使没有经过任何的点拨与指导，孩子们既能用语言描述，也会用公式表达，而且还自觉地写出了字母公式：4n＋1 或 4b＋1 等等。

整节课孩子们洋溢在探索与发现的喜悦里，思维非常活跃，情绪非常高涨。我也完全被他们所感染。说实话，这确实是自开学以来，从课堂气氛到自主探索、从孩子投入学习的程度到思维训练的深度，都是最成功的一节课。心里这么想着，嘴里不由得脱口而出：这节课真是太成功了！台下哗然，我赶紧补充：不是我成功，而是你们成功！孩子更兴奋了，再次为自己喝彩！

真正把课上得让孩子激动，让孩子兴奋，这是一种幸福与享受，更是艺术与技巧！归根结底，缘于孩子的参与、体验与感悟。

巧妙设疑，激发孩子主动建构数学知识

——《异分母分数加减法》教后反思

　　《异分母分数加减法》是人教版小学数学教材第十册第五单元的内容。它是在孩子已经掌握了通分和同分母分数加减法的基础上进行教学的。教学本课时，课前孩子通过折纸、涂色等活动得到了不同的分数。课上我又根据孩子折纸及涂色情况提出问题："如果让你求其中两个涂色部分合起来的面积是多少，你能列出哪些算式？"随着这一问题的提出，孩子们列出不同的分数加法算式，然后笔者引领孩子进行分类。孩子很自然地分为分母相同的分数相加和分母不同的分数相加两类，因为同分母分数相加以前学过，生直接口算出得数，最后只剩下分母不同的分数相加的算式（异分母分数加法）。

　　"异分母分数怎样相加"成为孩子急需解决并探究的问题。在这一问题的处理上，我真正调动了孩子参与的积极性，使孩子的思维"动"了起来。每个孩子都积极参与探索活动，"主动建构数学知识"成为本节课的主旋律。

一、尝试计算，让差错显露出可贵

　　在本课例中，对异分母分数加法的计算方法，虽然孩子以前没有接触，但笔者并没有急于讲解，而是让孩子先尝试着选几道进行计算。孩子在尝试计算的过程中，笔者时而俯身看看他们计算的情况，时而询问他们的计算思路，以做到"知己知彼，百战不殆"。

　　在这一过程中，很多孩子计算的方法是错误的，但这也无妨，敢于让孩子尝试就应有勇气面对孩子的错误；孩子在尝试中出现的错误应该是孩子进一步学习的有效资源，以引发孩子们进一步探讨与交流，进而形成正确认识。这时孩子出现的错误是有价值的，是美丽的！

二、错误优先，让孩子在说的过程中把不明白的问题想明白

在展示过程中，笔者重点抓住了几个典型错例与正确做法进行对比，并请出现错误的孩子阐释一下自己的观点，有些孩子自己在讲述的过程中，不能自圆其说，脑子里还冒出了许多原本不曾理解的想法以进一步对原有的想法进行修补、完善，说着说着，竟然把原本自己理解错误的知识点想明白了，进而真正发现错误，自省自悟；对于那些仍没有想明白的，通过生生互动的形式，孩子之间相互商量，相互启发，善于倾听，同伴之间分享彼此的思维成果。这样，讨论进一步得到深化，使孩子不仅能发现错误，而且进一步明确错误根源，真正把错误作为进一步学习的基础。

在这一过程中，孩子获取知识的渠道是来自自己的主动探索、同伴间的相互交流，教师只是提供情景、选取素材。之所以能有此效果，正是因为笔者抓住了孩子在尝试中出现的美丽的错误资源，并引发了孩子之间的大讨论，让他们在传递"讨论之球"的过程中相互启发，共同分享，最终凭借自己的努力，获得解决问题的方法，在自己真实的思维水平上收获知识和能力。

三、刨根问底，帮助孩子理解算理

计算教学的重心应该是理解算理，掌握算法。因此，当孩子们通过尝试、分析、讨论、交流等环节对异分母分数加法的计算方法达成共识，形成正确认识后，笔者又引领孩子们用简练的语言概述计算方法。孩子能说出：异分母分数相加，先通分，化成同分母分数再进行计算。能说到这个程度，说明孩子已明确了异分母分数加法的基本计算方法。但是，在这一点的处理上，笔者并没有"善罢甘休"，而是"刨根问底"——在关键知识点处设疑。

师：为什么要把异分母分数化成同分母分数？

生：因为异分母分数不能直接相加，化成同分母分数后就可以按照同分母分数加法的计算方法进行计算了。

师进一步追问：同分母分数为什么可以直接相加？

对这一问题的答案，孩子们有点儿拿不准，不敢盲目断言，所以教室里先是片刻的寂静，（课堂上的这种寂静，是孩子们聚精会神地进行紧张思考的时刻，是难能可贵的！）然后是小声的议论，既而陆续有孩子举手（生自由发言）。

生1：因为同分母分数的分母相同所以可以直接相加。（分析：这个孩子只是从表面上去分析问题，没有抓住问题的实质，缺乏实质性的思考。）

生2：分母相同表示平均分的份数相同，所以可以直接相加。（分析：这个孩子的回答能从分数的意义上去思考问题，较前一同学的思维层次有所提升，但是还没有指向问题的实质。）

笔者在关键处点拨：同学们可以联系我们计算整数加减法和小数加减法的计算方法来思考：十位上的"2"与十分位上的"2"能直接相加吗？

生3：（不能！）因为十位上的"2"表示两个十，十分位上的"2"表示两个十分之一（或两个0.1）"，计数单位不同，当然不能直接相加。

说到这里多数孩子恍然大悟。

生4大胆发言：同分母分数的分数单位相同，所以可以直接相加；异分母分数的分数单位不同，所以不能直接相加，化成同分母分数就是分数单位相同了，就可以相加了。

听着孩子滔滔不绝的叙述，纵览孩子由迷茫到顿悟的过程，经历孩子"不仅知其然，而且知其所以然"的心路历程，笔者欣然。

【反思】在这一环节的处理上，笔者并没有把目标仅仅定位在掌握算法上，而是提出了更有思考价值的问题，让孩子进行思考。当孩子的思维出现"断层"时，笔者巧妙设疑，把问题设在孩子的最近发展区内，使孩子在原有知识基础上经过思考解决问题。这样就使孩子可以跨越难以逾越的"鸿沟"。从整个环节来看，笔者并没有把知识生硬地进行迁移，而是在笔者的引领下孩子沟通了分数加减法、小数加减法与整数加减法之间的联系，抓住了"只有相同的计数单位才可以直接相加减"这一加减法运算的本质。孩子通过自己的努力主动去理解并掌握异分母分数加法的算理，只有通过自己努力获取的知识，才能成为孩子自己的东西，才是孩子真正掌握的知识。

四、充分预设，自然生成，强化注意事项

当孩子对异分母分数加法的计算方法与算理真正理解后，笔者让孩子任意选几道题进行计算，孩子在计算过程中，笔者继续巡视，结果发现孩子出现的问题与笔者的预设不谋而合：结果不是最简分数的没有约成最简分数。于是，等孩子做完后，笔者把共性问题进行展示，让孩子们进一步分析、评判，进而使孩子领悟到：计算结果能约分的，要约成最简分数。

【反思】这一环节孩子出现的问题完全在笔者的预料之内，这就是我们在备课时课前充分预设与课堂自然生成之间存在的千丝万缕的关系。一个有经验的教师，备课不仅仅是备教材、备教法，更多的是备孩子，备孩子的知识层次，备孩子在学习这一知识过程中可能出现的情况或问题，并根据孩子出现的问题进行有的放矢的处理。表面看起来，似乎是孩子自然生成的错误，其实早在老师的预设范围内，这种预设与生成是自然的，教师处理起来也是巧妙的。

五、先扶后放，尊重孩子的认知规律

孩子真正理解并掌握异分母分数加法的计算方法与算理后，对异分母分数减法的计算，笔者完全放给了孩子，以练习的形式进行。笔者认为这样处理能体现"先扶后放"的理念，也符合孩子的认知规律，作为高年级的孩子也完全能运用迁移规律正确地进行计算。

笔者上完本节课的最大感触是：如果"质疑"是打开孩子思维的金钥匙，那么"主动建构数学知识"则见证了孩子数学思考的全过程，是本节课的最大亮点。那么，"让差错显露出可贵""让孩子在说的过程中把不明白的问题想明白""师在关键处巧妙设疑""充分预设、自然生成""先扶后放"等教学策略、教学原则和教学技巧，则是孩子主动建构数学知识的基础和源泉。

抓本质，促思考，知其然

——"分数乘整数"教学片段及思考

"分数乘整数"是北师大版小学数学教材第十册第一单元分数乘法的第一课时。本节课的教学目标有两个：一是理解"分数乘整数"的意义；二是理解并掌握"分数乘整数"的计算方法及算理。为了目标的达成，我设计以下几个环节。

一、理解意义

创设情境后，孩子独立解决问题。在列式过程中，我巡回观察，结果生成的资源与我的预设出现了比较大的偏差，多数同学列的是乘法算式 3×1/4 或 1/4×3，只有少数同学列的是加法算式：1/4＋1/4＋1/4。

汇报时，列加法算式的同学先汇报，列乘法算式的同学接着展示。两种算式都出现后，我提出问题：为什么这么列式？

生1（列加法算式的同学）：因为把3张饼平均分成了4份，每张饼每人分得1/4，3张饼就是分得3个1/4，也就是3个1/4相加。

对这个孩子的回答多数同学表示了认同，我也给予了充分的肯定。

"还有其他想法吗？"我进一步追问。

生2（列乘法算式的同学）：我认为列乘法算式也可以。因为求3个1/4是多少，可以列乘法算式：1/4×3。

【分析：对这个同学的阐述，我认为有点儿循环概念的嫌疑，他虽然自己明白其道理，但并没有说出问题的实质，听者并没有听明白他为什么用乘法计算。从多数同学的表情上，也能看出这一点。】

看到这种情形，生3主动起来补充：求3个1/4的和列乘法算式实际上是加法的一种简化形式。

【分析：这个同学的分析，依据乘法的意义来考虑了，有进展。但是还没有点明主题。】

我继续等待，期待有更精彩的阐述。这时又一个同学站起来：其实这跟 $1+1+1$ 可以列成乘法算式 1×3 是一个道理，乘法实际上是"求几个相同加数的和的简便运算"。

至此，孩子对"分数乘整数"意义的理解已达到了炉火纯青的地步，虽然其过程是曲折的，但这段曲折的求知历程正展示了孩子对新知的认识由模糊到澄清、由不理解到理解的过程。这种教学模式下，作为教师，我抓住了问题的本质，促使孩子进行思考。孩子对知识的理解是通过自己的努力主动获得的，而不是老师直接"告知"的。这才是新课程理念下真正意义上的"通过孩子的独立思考、自主探索与合作交流"主动获取知识。

二、掌握算法，理解算理

理解了意义后，我把重点放在了研究分数乘整数的计算方法上，旨在让孩子真正理解其算理。此环节，孩子先尝试计算，我则继续巡回观察，以及时了解每个同学的思维状况。经过认真的思考与尝试计算后，汇报如下：

第 1 种算法：$\dfrac{1}{4}\times3=\dfrac{1}{4}+\dfrac{1}{4}+\dfrac{1}{4}=\dfrac{3}{4}$

第 2 种算法：$\dfrac{1}{4}\times3=\dfrac{1+1+1}{4}=\dfrac{3}{4}$

第 3 种算法：$\dfrac{1}{4}\times3=\dfrac{1\times3}{4}=\dfrac{3}{4}$

但是我并没有满足于他们只算对得数，而是"顺藤摸瓜"——多问几个为什么，直至问出个所以然来。

第一种解法的同学：分数乘法以前没有学过，所以我就根据分数乘整数的意义把它转化为加法来算的。

第二种解法的同学：我也是这么想的，只是我想到同分母分数相加，分母不变，把分子相加，所以我就直接写成那种形式了。

第三种解法的同学：其实，我一开始只是凭直觉这么做的，但现在通过分析我明白了，这种解法是一二种解法的最简形式。也就是说，当把乘法想成加法后（即解法1），根据同分母分数的计算法则（即解法2），分子是3个1相加就可以写成$1×3$了（即解法3）。

【反思】这三位同学的发言正好概括了分数乘整数的基本的计算方法及思维过程。本来是带着疑问走进课堂，但是在同学们你一言我一语的交流中，通过仔细倾听，认真思考，并且在倾听与思考中相互启迪并觉悟，在智慧地接纳对方的观点，不断完善自己的认识的同时，使知识在这一良性的情境中逐渐形成，进而收到这种意想不到的效果。正可谓"糊涂反被糊涂'悟'"，使孩子对知识有了真正的理解。

三、同步训练

为了加深同学对分数乘整数算理的理解与认识，并使其真正掌握其算法，我设计了两道与其同步的训练题：

$$\frac{2}{7}×3 \qquad \frac{5}{9}×2$$

四、总结算法

依据"不完全归纳"的原理，在孩子计算了以上三道题的基础上，我引导孩子概括分数乘整数的计算方法。

师：根据以上三道题的计算过程，你能不能用一句话来概括分数乘整数的计算方法呢？

多数同学快速进入了高度思考状态：有的蹙眉思考，有的喃喃自语……一会儿多数同学就把小手高高举起。但是仍有极少数的同学在迟疑，想举又不敢举。其实这些同学往往是我最关注的目标，我一直认为，如果他们真正学会了，别的同学应该更没有问题了。因此，我叫了一名基础比较差的同学来阐释，一开始她显得有些紧张与局促，我鼓励道："你把想法说出来就行，错了也没有关系。"

听了我的话，她鼓足勇气说出了自己的想法："分子乘整数就是分子，分母还是原来那个数。"（虽然叙述不是很完整，说起话来也有点儿语无伦次，但是基本意思是正确的，因此我给予了充分的肯定，她伸伸舌头，但脸上掩饰不住内心的喜悦与兴奋。）然后我又叫几个不同层次的同学来说，都能总结出基本的计算方法。后来的几个同学的叙述就越来越完整，越来越流利了——分数乘整数，用分子和整数相乘的积做分子，分母不变。

【教后反思】

从本节课的设计理念来看，我的宗旨就是"抓本质，促思考，知其然"。从整体效果看，在每个环节上，我都注意了这一点。对知识的获取，我不是直接"告诉"，而是让孩子通过思考、探索，主动获取；对知识的理解，我不是只浮于表面——只求孩子会算就满足了，而是从根上抓起，真正做到不仅知其然，而且知其所以然；对孩子的培养，我不是只关注优等生，而更多关注那些学习有困难的孩子，真正实现人人在我的数学课堂上都有所发展。总之，作为一名真正合格的、优秀的教师，我所关注的不是课堂上表面的热闹，而是把"训练孩子的思维，让每个孩子都真正参与到数学课堂的思考中来，更深层次地去挖掘每个孩子的潜能，使每个孩子的数学能力及思维能力真正得到发展与提高"作为主旨，真正实现"人人学有价值的数学，人人都能获得必需的数学，不同的人在数学上得到不同的发展"的课程目标。

带着思考进课堂，寻找最佳切入点

——按行、列确定位置教后感

按行、列确定位置是人教版小学数学教材第二册第一单元的内容，教材从孩子最熟悉的座位引入。要求孩子根据自己的位置说出自己班里有几组，每组有几人，再说出自己的座位（第几组第几个）。但是，教材这样设计却忽略了一个关键性问题，确定位置是以观察者的角度，从左往右依次是第1组、第2组……而教材中以孩子生活中的座位引入，恰好给孩子造成错觉，因为孩子坐在自己的座位上和观察者的角度正好是相反的，所以这样就很难说明白确定"组"的次序与方法。

笔者在这部分知识的教学前，已经有了教学北师大版五年级上册《走进军营》（数对）这一知识的经验和基础。因此在教学本课时，为了突破难点，解决这一关键性问题，我在认真钻研教材、尊重教材但不拘泥于教材的前提下，对教材这一生活情境的引入做了更为科学合理的安排与设计。

提前把孩子上课的情境拍摄成照片，制成课件，以投影的形式将孩子的真实课堂座次搬到屏幕上。这样设计的效果首先是激发了孩子的学习兴趣，当孩子发现屏幕上展现的是他们自己的照片时，群情激昂，兴致大发，这样就激发了孩子的探索兴趣与欲望。因此，课伊始，孩子就进入了状态。"好的开始就是成功的一半"，以此为契机，引导孩子观察、找到自己的位置，并用语言表达出来。有的孩子说"我是第几行第几个"，有的说"我是第几组第几个"。在表述时，关于"第几行第几个"的说法基本没问题。但是对于"第几组第几个"的说法，就出现了分歧，有的孩子是从左数第1组、第2组……有的则是从右数起。这样就出现了两种截然不同的观点，引发了认知冲突，孩子们争得面红耳赤，互相阐释自己的理由，互不相让。其实，这正是我所要的课堂效果。"该出手时就出手"，当他们谁都不示弱、不甘败的时候，我适时介入，说明"习惯上以观察者的左数第 1 列为第 1 组……"这样就真正实现了课堂上孩子的主动探索与互动，充分体现了"孩子主体、教师主导"的育人观，更为重要的是培养了孩子勇于探索、勇于实践的能力，可谓一举多得。

在孩子们能准确表述自己在照片中的位置的基础上，我提出要求：现在我把照片上的你们搬到生活中来了，请第 1 组的同学站起来，很自然地站起来的是他们右数第 1 列，而正好是观察者的左起第 1 列。就这样，很多老师认为很难说明白又很难处理的一个难点和关键问题，经过笔者这么"一照""一搬"，问题就迎刃而解了。因此，在教学中，只有对问题进行深入思考，才会找到最佳切入点、找到解决问题的最佳策略，这样就会化难为易，收到事半功倍之效。

被忽略的精彩

——《分数的初步认识》教学片段

《分数的初步认识》是小学数学必学内容。在以往的教学中，教师只注重孩子对分数的产生及分数意义的理解，相对忽略了分数的认读和书写，以至于孩子写分数的随意性很大，导致在以后的学习中（甚至到高年级或中学）书写分数时经常"颠三倒四"——书写顺序极不规范。为了避免这种"失败"教训的再次发生，在本节课的教学中，我设计了如下教学环节：

【精彩片段一】

师：通过刚才的学习，结合具体情境和直观操作，我们已经理解了分数的意义，知道了分数各部分的名称，体会到学习分数的必要性。下面我们任意写几个分数。

生尝试写分数，师进一步问：你是怎么写的？（生写完后汇报）。

生1：我是先写的分子，再写分数线，最后写分母。

生2：我是先写的分母，再写分数线，最后写分子。

生3：我是先写的分数线，再写分母，最后写分子。

生4：我也是先写的分数线，不过第二步我是先写的分子，最后写的分母。

【分析】显然，以上四种书写顺序只有一种是我们推广和提倡的。呈现在我们面前的这么多不同书写顺序的背后，反映的是孩子对分数书写顺序的原思维和原认知。

【精彩片段二】

我进一步调查了每种写法所占的比例，第一种和第二种各占25%左右；第三种占40%左右；最后一种只占10%左右。面对这么多不同的书写顺序，我没有草率地予以肯定或否定，而是让孩子在同伴之间的互动交流中，相互启发受到启迪，进而吸收、接纳更为科学、合理的书写方法。

师：现在有这么多种不同的写法，到底哪一种是正确的？

生1：（第二种写法的同学）我这样写是有依据的。

师：咦！他不仅有想法，还有依据，让我们来听听。

生1继续：如果把分母比喻成"母亲"，把分子比喻成"孩子"，应该先有"母亲"，后有"孩子"，所以要先写分母，再写分子。

师：对这个同学的发言，你觉得有道理吗？（多数同学表示赞同）。现在再来重新思考分数的书写顺序，你同意哪种写法？（多数同学伸出了两个手指，表示同意第二种）

生2起来反驳：但是分数的意义是"把一个物体平均分成几份，其中的一份（或几份）是这个物体的几分之一（或几分之几）"，从分数的意义来理解，应该是先平均分，才会有分母和分子。所以我觉得应该先写分数线，所以第三种写法更合理。

生3补充道：我也是这么想的，应该先写分数线，再写分母，最后写分子。这时有更多的同学连连点头表示赞同。

师追问：现在你们同意哪种写法？90%以上的同学伸出了三个手指，还有几个处于懵懂状态的孩子在迟疑，不敢表态，这时邻近的同学开始着急地向他们解释。

【思考】看到这种场景，我还有必要像以前那样一味地向孩子灌输吗？因此，教师不要怕孩子暴露问题，要解放孩子的思维，尊重孩子的思维成果。一些看似错误的回答也可能蕴含着创新的火花，教师不要轻易否定孩子的答案，不要把结论硬"灌"给孩子，要允许孩子对问题有独特的见解。在尊重孩子多种答案的基础上，引导他们推敲出尽可能最完美的答案。

一道错题引发的思考

在复习"面积"这部分知识时，有一道题是这样的：学校教室安装玻璃，每块玻璃长 40 厘米，宽 35 厘米。每平方分米玻璃 4 角钱，一块玻璃多少钱？

在批阅作业时，孩子出现了以下错误。

错例及分析 1：要算玻璃多少钱，应该先算玻璃的面积，而个别孩子错误算成周长。如：（40＋35）×2＝150（平方厘米）。

错例及分析 2：在算每块玻璃的面积时，出现两处错误。

一是计算错得数：40×35＝140（平方厘米）；

二是单位名称写错，与长度单位混淆：40×35＝1400（厘米）。

错例及分析 3：因为题目中告诉的单价是"每平方分米玻璃 4 角钱"，而算出的面积单位是平方厘米。孩子没有统一单位，直接列式为：

$$1400×4＝5600（角）。$$

错例及分析 4：面积单位换算成平方分米，即：

40×35＝1400（平方厘米）＝14（平方分米），14×4＝56（元），

而算出总价的单位名称又写错了。

面对孩子们出现的各种错误，我陷入了沉思：孩子之所以出现以上几种错误，一个非常重要的原因就是孩子没有仔细读题，没有认真分析题意，而且对题目中隐含的一些信息更不能正确理解与把握。要想做好这一道题，教师应引导孩子思考以下几点：①孩子首先应该明确要算买玻璃花多少钱，应该先算出玻璃的面积而不是周长。②算出的面积，单位名称应该是平方厘米，而题中告诉"每平

方分米玻璃 4 角钱"，所以要换算面积单位。③算出的钱数应该是 56 角，而不是 56 元。因为最后的问题中没有指出用什么货币单位，所以结果可以写成 56 角。如果孩子根据习惯能把 56 角换算成 5 元 6 角，更好。针对孩子出现的种种错误，在以后的教学中，我们应培养孩子仔细读题、认真分析题目要求的良好习惯。另外，还要引导孩子从整体上把握题目前后的一致性和连贯性。

数学真奇妙，数学真有趣

学过梯形的面积计算公式之后，孩子们已能灵活运用公式解决一些实际问题。为了开阔孩子的思路，提升孩子的思维层次，在原有认知基础上对孩子进行了以下拓展训练。

出示生活中的一幅情景图：

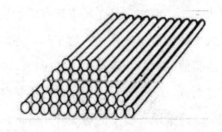

在一个木材加工厂，整齐地排列着一堆堆的木材（木材有规律地摆成横截面呈梯形状）。选择其中一堆，在实物投影仪上把图放大，提出问题：你能求出这堆木材的根数吗？

当这个具有挑战性的问题摆在孩子们面前时，他们个个摩拳擦掌、跃跃欲试。敢于向困难挑战，不惧怕困难，这已是孩子能达到的基本情感目标，所以孩子们的"斗志"瞬间被激起，而后很快进入了积极思考状态，还不时地在本子上写写算算。两三分钟过后，孩子们开始陆续点头或微笑，及时向我传递着他们已经有自己想法的信息（这也是我和孩子们特有的传递信息的方式）。

于是课堂非常自然地进入到下一个环节——汇报交流。

生1：我是先数出最上一层有4根，然后每下一层都比上一层多2根，所以下面依次是6根、8根、10根、12根，然后再把他们加起来一共是40根，算式是4+6+8+10+12＝40（根）

生2马上起来补充：我也是这么想的，不过我有更巧妙的计算方法，4+6+8+10+12，这正好是我们以前学过的等差数列求和的算式，所以我直接用"（首项＋末项）×项数÷2"就算出了总根数，即：

$$4+6+8+10+12$$
$$=（4+12）×5÷2$$
$$=40（根）$$

我为孩子们的巧妙算法而喝彩之时，还有七八个同学争着表达自己的见解。我故意在一旁"煽风点火"："看来这几个同学还有他们更独特的想法，同学们想不想来听听？"其他同学的激情也被我"点燃了"，齐声响应："想！""但是我希望这几个同学能给其他同学留一点儿思考的时间，看他们能否与你们心有灵犀，与你们的想法不谋而合。"一句话，同学的思维又荡起了涟漪，促使他们进行第二次的观察与分析。渐渐地，紧缩的眉头开始舒展，散落的小手又举了起来，我看"火候"已到，示意孩子们继续汇报。

生3：我发现等差数列求和的计算公式与我们刚学过的梯形的面积计算公式有联系，首项正好是最上一层的根数，末项正好是最底下一层的根数，项数正好是层数，如果把等差数列的公式引申为梯形的面积计算公式就是：

（首项＋末项）×项数÷2 ➜ （顶层根数＋底层根数）×层数÷2

生3还没坐定，生4马上起来补充：因为这堆木材横截面是梯形的，所以才可以用这种方法来计算。

生4说完后，教室内一片唏嘘声与赞同声，特别刚才几个还没有发现规律的同学，经他们这么一解释，顿时恍然大悟，眼前一亮。孩子们脸上个个荡漾着成功的喜悦，表现出对数学的痴迷，孩子们探索数学的奥秘的激情被点燃，兴奋溢于言表。有一个同学情不自禁地脱口而出："数学真奇妙！"又一个同学补充："数学真有趣！"

【反思】孩子应该是最纯真、坦诚的，他们脱口而出的赞美是切身体验与感悟之后源自他们心底的最原始的声音，一句"数学真奇妙""数学真有趣"原汁原味地展现了他们当时的真实感受。听到这句话，我心头一震，倍感欣慰。因为，让孩子感受到数学的鲜活、好玩曾是我一度追求的课堂教学境界，今天已成了毋庸置疑、不得不如此的事实状态。看来，不仅北师大附中的张思明老师能在《用心做教育》中《让孩子感受数学之美》《让孩子感受数学鲜活、好玩》，我们每一位教师只要潜心去研究、用心去实践，也能达到这个目标。一句"数学真奇妙""数学真有趣"，一下把我的教学理想在瞬间变成了现实，我坚信：只要我们心中闪亮着教育，只要我们经常带着研究的眼光去反思我们的课堂教学，敢于实践，勇于创新，在原有基础上不断完善与提炼，我们的数学课堂也会流光溢彩、魅力四射，进而让孩子真正感受到数学的奇妙、有趣、鲜活、好玩。

没有最小，只有更小

——听特级教师潘小明《谁围的面积大》一课感悟

希望孩子出错

课堂上"希望孩子出错"是潘小明老师的最大愿望。为此，潘老师总会绞尽脑汁在课伊始就设计一个让孩子"顺理成章"并"理所当然"地出错的问题，然后围绕这一问题引导孩子举例验证、发现错误，以激发孩子的探究欲望，进而展开一节课的教学。

出错：在"谁围的面积大"一课的开始，潘老师出示了两根不同长度的铁丝（一根长 20 厘米，一根长 24 厘米）后，提出问题："用这两根铁丝围成一个长方形，哪根铁丝围成的面积大？"凭直观感受，所有孩子没假思考就断定"24 厘米长的铁丝围成的长方形面积大"。于是潘老师顺水推舟得出结论：周长长的长方形面积就大。

质疑：师质疑："有没有验证过？"生："没有！"这时潘老师以挑衅的语气说："那就没道理了，数学是最讲道理的。"

验证：师乘胜追击："想不想验证？"生跃跃欲试："怎样验证？""用两根铁丝围一围，量量、算算就知道了。"经过初次验证，多数孩子还是认为"周长长的长方形面积就大"这句话是对的，只有少数孩子有不同意见。这样出现了两种不同的声音，师选取数据板书如下：

	周长 24 厘米			周长 20 厘米		
	长	宽	面积	长	宽	面积
①	7	5	35	7	3	21
②	11	1	11	6	4	24

知错：结合具体数据，师显出很为难的样子，"这样就出现两种答案了：①√；②×。现在，你对'周长长的长方形面积就大'有什么想法？"孩子发表自己的看法："这句话有时候对，有时候不对。""你就看它围成什么样的……""周长长的长方形面积不一定大。"师追问："由此，你又想到了什么？"一生回答："半对半错。"老师显出很为难的样子："这就难办了，现在又成了三种答案了。"最后，在教师的有效引导下，生明确了只要能举一反例就能证明这句话是错误的。

纠错：经过一番讨论大家一致认为，把"就"改为"不一定"就可以了。

思维有序，日臻完善

当孩子对"周长长的长方形面积不一定大"这一结论没有任何疑义之后，师追问："周长相等的长方形，面积会怎么样？相等吗？""吃一堑，长一智"，这次孩子不敢再马虎大意，妄下结论，而是经过认真思考后，非常坚定地说："不会！"并主动举一反例验证（周长 24 厘米的长方形）：

	长	宽	面积
①	6	4	24
②	11	1	11

在举例验证的基础上，生得出结论："周长相等，但面积不相等。"师追问："周长相等，面积不一样，这是什么原因造成的？"生解释："长和宽不一样。"师自语："看来，跟长和宽有关系，长和宽怎么样了，它的面积就大了？"生再次举例验证。

长	宽	面积
10	2	20
8	4	32
11	1	11
7	5	35
9	3	27

师蛮有挑战性地问："没了，还有吗？"生一致认为确实没有了，师补充"长6，宽6，面积36"这一特殊数据。在此基础上，师追问："现在能发现长方形的面积与它的长和宽有什么关系吗？"生的反应不强烈。师及时梳理：

长	宽	面积
11	1	11
10	2	20
9	3	27
8	4	32
7	5	35
6	6	36

当师再次提出"长方形的面积与它的长和宽到底有什么关系"时，立马有几个反应快的孩子发现了规律。但是多数孩子还处于"愤"与"悱"的懵懂状态，一时还不知该如何用语言来描述发现的规律。这时师及时组织孩子交流，交流后汇报："长越小，宽越大，面积就越大。""长和宽的数字越接近，面积就越大。"师追问："什么叫长和宽的数字越接近？"生解释："就是说长和宽的差越小，比如 $6-6=0$。"师进一步提问并板书：$11-1=10$，$10-2=8$，$9-3=6$，$8-4=4$，$7-5=2$。在所有孩子都充分理解的基础上，得出结论：长和宽相差越小，面积就越大。而后他又向孩子提出了具有思考性的问题："当长和宽相差越小，它就越接近什么形了？"生齐答："正方形！"在此基础上，师揭示规

律并板书：周长相等的长方形，当长和宽越接近，面积就越大；当长和宽相等时，面积最大。

穷追不舍，层层逼近

按照一般老师的教法，对这一知识点的理解和掌握，能让孩子认识到以上程度，就算很完美了，但是潘老师并没有满足，而是穷追不舍，层层逼近，提出了更能引发孩子思考的问题，使孩子对该问题的理解上升了一个层次。"由此，你又想到了什么？有什么问题吗？"生回答："周长相等的长方形，长和宽相差越小，面积就越大。周长相等的长方形，长和宽相差越大，面积就越小。""那么当小到什么时候，面积最小？"生接着说："当小到宽是1时，面积最小。"见没人再举手，老师适时组织孩子进行讨论。讨论之后，一同学惊喜地发现："老师，我认为它永远也小不完。"潘老师鼓励他举例说明，于是孩子列举了几个长和宽都是小数的例子，其他孩子也纷纷举例验证，且长和宽的数据相差越来越大，师及时梳理并板书：

长	宽	面积
11.5	0.5	5.75
11.7	0.3	3.51
11.9	0.1	1.19
……	……	……

在老师板书过程中，孩子有些耐不住性子了："这样的例子还多着呢，说也说不完。"师及时补充："还可以继续小，小到什么程度？没有最小，只有更小！"

"没有最小，只有更小！"潘老师用课例给听课老师指明了方向：数学教师应努力深挖教学内容和教学素材，在对教材理解、对孩子了解的基础上，真正做到抬起头、往下看，尽可能地挖掘教材之外潜在的、隐含的知识点，以拓展孩子的知识领域，使知识更加系统，更加深入，从而使数学课真正成为以训练思维为目标的教学。

"善待"差错

——听潘小明《平行四边形的面积》一课所感

课堂教学中，孩子不可避免地会发生错误。可以这样说，只要有认知活动，就会有错误发生。在教学过程中，过度地防错、避错，缺乏对差错的欣赏与接纳，大大减少了孩子拓展认知范围、发现新知识的机会，使天然的好奇心、求知欲以及大胆尝试的探索意识被压抑乃至被扼杀。"正确的，可能只是模仿；错误的，却可能是创新"。因此，回避、防范孩子犯错，本身就是教师教学中的"大错"。孩子作为发展中的人，在探索知识的过程中，犯点错误并不可怕，关键是教师如何对待孩子的差错。听了特级教师潘小明老师执教的《平行四边形的面积》一课，给笔者的最大感受是：整节课，孩子始终处于积极地思考、探究、倾听与评判状态，思维真正地"动"起来了，大脑几乎没有闲下来的时候。如果说"让孩子永远处于探索状态，亲历知识形成的全过程"是本节课的亮点，那么在孩子知识形成的过程中"教师对差错资源处理之巧妙与智慧"则是这亮点上的一粒珍珠。

一、提出问题

课伊始，潘老师提出要求：请同学们拿出课前老师发给你的纸（纸上印有同样的平行四边形，但没有任何数据），你能想办法求出纸上这个平行四边形的面积吗？怎样计算平行四边形的面积呢？

二、汇报交流

经过一段时间（约 5 分钟）的独立思考和自主探究，孩子计算平行四边形的面积出现了四种不同的结果，汇报如下：

生 1：35 cm²

生 2：28 cm²

生 3：40 cm²

生 4：32 cm²

三、生成资源分析

以上四种结果只有一种是正确的，潘老师没有急于肯定或否定某种方案，而是问了句足以引发孩子进一步深入思考的问题："这些结果是怎样求出来的呢？"

（一）"错误优先"原则

求出 40 cm² 和 32 cm² 的同学先说：

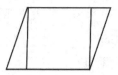

如上图所示，把平行四边形分成三部分，中间是一个正方形，面积是 $4 \times 4 = 16cm^2$，三角形的面积是 $3 \times 4 = 12cm^2$，$12 + 12 = 24cm^2$，$16 + 24 = 40cm^2$。孩子在汇报的过程中，发现计算三角形面积时忘记除以 2 了。

……

解读：孩子在汇报的过程中，不能"自圆其说"，从而自己发现、认识到错误，真正把要学习的知识和能力内化为个人的发展。这一过程使孩子不仅"知其错"，而且"知其所以错"，从而排除了 40cm² 和 32cm² 两种错误方案，体现了"错者优先"原则。

（二）各抒己见

坚持 35cm² 和 28cm² 这两种不同答案的同学，沉浸在成功的喜悦里，扬扬得意，神气十足，认为自己的答案是正确的，因此他们都理直气壮地继续发表自己的见解，各持己见，互不相让。这时潘老师表现得更加沉稳，非但不去当公正的"法官"，而且还有点儿"煽风点火""添油加醋"之势：你能向同学们介绍你的方法和想法吗？（再一次组织孩子交流各自的想法）

在汇报时又出现了三种结果：同意 $35cm^2$；同意 $28\ cm^2$；认为 $35cm^2$ 和 $28cm^2$ 两种答案都对。

（三）对执交锋

师：这三种结果，你认为哪种肯定有问题？

孩子先排除了第三种情况，理由是：因为一个图形的面积是一定的，不可能有两种不同的答案。

师：请坚持 $35cm^2$ 的同学说说是怎么想的。

生 1：平行四边形可以拉成长方形，长方形的面积：长×宽，把平行四边形的底量出来，再把斜边量出来，底与斜边相乘，即：平行四边形的面积是 $7×5=35cm^2$。

生 2：将平行四边形拉成长方形后，长方形是特殊的平行四边形，所以就可以用相邻的两边相乘，$7×5=35cm^2$。

坚持 $28cm^2$ 的同学高喊："不对！"

师：咱们再来听听坚持 $28cm^2$ 的同学怎么说。

生 1：应该用"底×高"，也就是用底乘两底中间的一段，我量出高是 $4cm$，所以用 $7×4=28cm^2$。

师：为啥 $7×4$ 就可以了？

生 2：你不是说……

师：我说啥了？

生 3：这个（指斜边）不能为高，应该用中间（指两底之间的垂直距离）做高。

此时孩子难以用语言来表达他的想法。

生 4：老师，我能不能到黑板上演示一下，（他干脆拿了一支笔转动演示斜边的变化过程）平行四边形拉成长方形后，长方形的宽边是平行四边形的斜边，它比原来平行四边形的高要长，也就是说平行四边形的高比斜边短，说不定就短了 1 厘米。

师：你是说 35cm² 不对，怎么验证 28cm² 对呢？

生 3：（补充）将左边的三角形剪下来，平移到右边正好是一个长方形。

教师课件演示平行四边形与长方形的转化过程。使孩子明白平行四边形通过割补、平移可以得到一个和它大小一样的长方形。

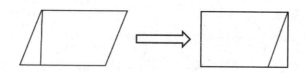

师：这个长方形面积和平行四边形的面积一样大吗？

孩子明确一样大，从而认可 28 cm² 是对的。

（四）深究错因

接下来，教师进一步引导孩子探究：35 cm² 错在哪儿呢？

潘老师要求孩子把想说的话写下来，然后再次合作交流，交流后汇报。

生 1：把平行四边形变成长方形，高必须上升一点儿，高变长，面积就不一样了。

生 2：拉成长方形后，宽增高，原来的平行四边形的面积就不是 35cm² 了。

生 3：长方形的四个角是 90°，而平行四边形是两个锐角、两个钝角，所以我认为 35cm² 是不正确的。

解读：根据孩子的叙述教师进行演示，使孩子进一步明白：平行四边形拉成长方形后高就变了，相当于宽增高了。在这一过程中，通过生生互动，在你一言、我一语的交流讨论中，思维发生碰撞，使孩子看到问题的不同侧面，同时对自己和他人的观点进行反思和修正，从而对平行四边形面积有了更深层次的理解，进而排除 35cm² 这一答案。

【感悟与启示】

从以上课例中，我们可以明显地看出，孩子在运用数学知识解决问题的过程中，他们已有的知识经验与给定的目标之间存在一定的障碍，只能"摸着石头过河"，于是出现了四种不同的答案，显然多数答案是错误的。而潘老师面对这么多错误的答案，表现出了他的从容，他的智慧——不是急于给孩子纠正错误，而是引导孩子在汇报解答的过程中自我觉醒、自省自悟，进而排除一些比较明显的错误。对那些争议和分歧比较大的方案，让孩子在原有认知基础上进一步展开讨论和思考，在师生和生生之间的互动交流中，相互提供支持、启迪灵感、共享智慧，共同构建、推进、生成课堂，逐步形成正确的认知策略和方案。在此过程中，潘老师把孩子在学习过程中出现的错误作为一种财富、一种资源、一种学习途径，让孩子不断尝试错误的过程，引导孩子自己走向完善。在这个过程中每个孩子都获得一份自信，"对是一种进步，错也是一种进步"，它起码可以证明某种想法或做法是不可行的，这是探究新知的必经之路。因此，对孩子来说，错误是一种尝试，一种创新，也是一种进步。教学过程就是让孩子不断尝试"错误"，辨别是非，从而主动构建知识的过程。

你尊重并接纳孩子了吗

尊重孩子、宽容孩子、接纳孩子是每位教师耳熟能详的词语，更是新课程理念的灵魂。但是，你是把它作为教条肤浅地停留在大脑里？还是把其精神真正领悟，并践行于你日常的教学行为中？不同的实践方式，带给孩子的将是两种截然不同的感受。下面是我在 A、B 两位教师的课堂上捕捉到的教学片段，希望能引发您的思考。

片段一：

一位年轻教师（A）在执教《小数的初步认识》时，孩子通过观察直尺上的刻度，能说出 1 分米＝1/10 米＝0.1 米，1 厘米＝1/100 米＝0.01 米。但是当老师进一步追问："1 分米＝1/10 米＝0.1 米，1 厘米＝1/100 米＝0.01 米，你是怎么想的？"起初叫了几个孩子回答，都没有说到点上，A 教师继续搜寻更完美的答案，但孩子的回答仍是不尽如人意，没办法，A 教师只好"自圆其说"。但令听课老师难以理解的是：在上述过程中，有一个小男孩始终把手举得高高的，A 教师也曾特别"关注"地瞟了他几眼，但不知为什么，A 教师一直没有叫那个孩子回答问题，最后孩子急得在课堂上大喊："老师，我还有一种！我还有一种！"可是整节课那个孩子的声音在老师那里却是那么的苍白无力（甚至有些厌烦），无论他如何强烈要求与"呐喊"，A 教师始终没有给他一次机会。看过这节课后，无疑会引发我们的思考：即使孩子的观点是错误的，甚至是离谱的，但老师也不能无视孩子的存在，剥夺其表达的机会与权利。长期这样下去，孩子还会有表达的欲望吗？孩子还会把小手高高举起吗？回答当然是否定的。这样的老师能谈得上"尊重孩子、宽容孩子、接纳孩子"吗？

片段二：

一位教龄较长的、有经验的老教师（B）在执教《面积和面积单位》时，引出面积单位后，教师设计了几组面积不等的图形比大小，引发认知冲突，使孩子体会到统一面积单位的必要性。其中有一道题是比较两个画有不同方格的图形的大小（一个是长方形、一个是一间小房子侧面的形状）。其中小房子的房顶是两个三角形（各占一个正方形面积的一半）围成了一个大的三角形（正好占一个方格），房子的主体是四个小正方形的面积那么大；而另一个长方形直接能数出正好是六个小正方形的面积大。对这样的知识点相信98%的孩子应该能非常迅速地数出谁的面积大，谁的面积小。但是，在这极"平静的湖面"上，却出现涟漪（不同的声音）："老师，我认为这两个图形的面积一样大。"其他孩子哄堂大笑，这里面不乏对这个孩子的歧视。但是，B教师一个非常熟练的动作压过了六十多名孩子的嘲笑声。这位聪明的老师及时伸出食指放在嘴边"嘘"了一声，以提醒孩子要尊重这个孩子的意见，并且眼睛里流露出的是维护正义、保护弱者的光芒。平时让我们熟视无睹的一个小动作，在课堂上却发挥了"此时无声胜有声"的奇效。而接下来，B教师不是漠视孩子的存在，而是请他到前台来数一数，展现孩子原始的思维状态，真正找出孩子的错误根源。原来孩子在数的过程中，把房顶的小三角形（半个正方形）当成一个正方形来数了。当真正发现了孩子的困惑后，B教师进一步引导，使孩子恍然大悟。然后B老师又让那个孩子按照正确数法再数一遍，并大声告诉同学们。这一举动实际上是为孩子找回自信，让孩子证明他也是完全可以学会的。整节课，这个孩子的积极性切切实实被调动了起来，频频举手，接连回答了几个问题，成了本节课的"焦点"人物。从孩子灿烂的笑容里我们足以感受到，B教师尊重孩子、赏识孩子，所带给孩子的积极影响和作用。

类似的教学情境下，B教师为什么有胸怀来接纳那些学习有困难的孩子，而A教师却无视那些孩子的存在呢？那是因为B教师能真正做到"尊重每一个孩子""接纳每一个孩子"；而A教师只是把它作为一种口号、一个幌子。或许这正如李希贵老师所言：我们并不缺少理念，而真正缺少的倒是躬行实践。

两种不同的"遭遇"，对孩子来说将是完全不同的人生。因此，我们最欠缺的就是把学到的一些先进理念真正实践于课堂上，真正做到关注每一个孩子，即使孩子的回答不是很完美，甚至有"瑕疵"，但是我们也不应冷落，而要给予他特别的关注和鼓励。一些看似平常而又不平常的话语，是孩子心灵深处的阳光雨露，是课堂的生命，能极大地激发起孩子们的兴趣和主动参与的积极性，同时为孩子的发展提供广阔的时空，从而激励孩子真正走向成功。

不仅知其然，更知其所以然

2019 年 8 月 8 日，全区小学数学教师近 300 人齐聚一堂，参加"垦利区 2019 年暑期培训小学数学专项"培训。这是我区近几年来规模最大、覆盖面最广的一次暑期培训。小学数学专项培训请到的是市教科院郭子平主任和广饶县第一实验小学宋锦绣老师。

近几年，我作为工作室主持人曾多次到全国各地参加小学数学学科培训。走出去，走进名师的课堂，聆听了小学数学界知名专家的报告，收获确实很多。但是，专家的报告更多地指向于理论的提升，理念的转变，相对缺少案例的支撑。而郭主任的报告正好填补了这一"空白"，大量的案例支撑、精彩的点评互动，老师们真正参与其中，使得报告更加接地气，更重要的是在这种大量的案例支撑与互动过程中，老师们对报告中的内容真正做到了"不仅知其然，更知其所以然"。

郭主任的报告从四个方面展开对《小学数学教学中需要关注的几个问题》的论述：1.抓新知识的生长点——旧知、经验，变"重复"为"生长"，变"点学"为"串学"（使"新"课不"新"）；2.突出基础概念（单位）的作用，引导孩子从本质上理解、学习数学；3.重视思维训练，莫让"思维替代"垄断课堂；4.重视显性目标和隐性目标的落实（空间与图形领域）。虽然有些内容郭主任在之前的听评课或报告中讲过多次，但是每次听又有新的收获，可谓常听常新。因为，郭主任每次报告都会有新的内容，并且是结合大量的具体课例按系统归类或对比进行分析，真正沟通了各知识点之间的联系，真正地变"点学"为"串学"。比如人教版的数学广角搭配（一）和搭配（二），搭配（一）中例题是要求"用 1、2、3 组成没有重复数字的两位数……"而搭配（二）要求是

"0、1、3、5 能组成多少个没有重复数字的两位数"。虽然都是搭配，但不同学段的教学目标和重难点是有所不同的：搭配（一）的重点是放在"有序思考"上，固定十位或固定个位，做到不遗漏不重复写出所有符合条件的数；而搭配（二）则是在搭配（一）的基础上的提升，重点解决"0 不能在首位"的问题就可以了。再如：青岛版的《搭配衣服》，例题中虽然直接呈现的是 5 件衣服，问题是：一共有几种穿法？但是，在这个例题的前一个练习中出现了 4 件衣服搭配"有几种穿法"的基础上来进行学习的，因此，练习中的 4 件衣服搭配重点应该解决的是有序思考，而例题中 5 件衣服搭配则应在前面练习的基础上重点引导孩子怎样用字母、符号、图形等更简洁的方式记录搭配方案，体现数学的简约美。

听郭主任的报告，感觉就像自己的老师在教自己的学生，既有传统的手把手的讲授式教学；又有点拨式的启发教学，指导我们在日常的课堂教学中怎么去设计一堂课更合理；还有踢足球式的互动环节。郭主任每次抛出问题后，都会留给老师们独立思考的时间，然后让"思考之球"先在教师之间传递，互动交流谈自己的看法，最后郭主任再接过"球"说自己的观点，并且还很注重赏识教育，对不同的观点给出实实在在的点评，并不断重复 "都有道理""都不错"……必要时再结合具体课例进行阐释论述说明，有理有据。同时郭主任的报告也不乏幽默、风趣，会场时常传来爽朗的、无拘无束的笑声。比如当我发表完观点后，工作室成员莹莹老师接过话茬： "我与我老师有不同的观点……"郭主任风趣地说："还敢挑战你老师了！"幽默风趣的语言背后是鼓励，是肯定，是赞扬。这就是艺术，教学的艺术，教育的艺术。

郭主任报告的方式引发了我的思考：在我们的课堂上是否也应该多一些肯定与赞扬，多给孩子一些鼓励，以增强孩子的自信心，这是对那些缺乏自信的孩子的最大激励，也是改变他们学习态度的转折点和重要节点。另外，我们应该把课堂当成孩子们的足球场，让孩子在课堂上"踢足球"，真正把课堂还给孩子，教师只需在关键节点适时介入，将思维有偏差的孩子及时引向正轨，或者引导孩子对知识进行必要的提升，这样才会真正实现生生互动的理想课堂。"作为教师，不仅是一个学者，更应该是一个研究者"。在课堂教学的过程中，我们教师必须以局内人的身份走进课堂，入乎其内，根据教学现场当时的内在真实，来展示暴露孩子的原始思维。教师根据孩子现状适时调整课的进程，始终"以生为本"展开教学。这是教学的最高境界，也是我一直努力追求的目标。每次充电、培训，每天的读书学习，都是在为达到这种境界做加法，"集腋成裘，聚沙成塔"，只要努力，相信会离目标越来越近。

对乘法运算结构化教学的一点儿思考

——由郭老师报告引发的思考

【案例描述】

2020 年暑期培训中郭老师在谈到数的运算时，再次提到原东营市经济技术开发区科达小学季婷婷老师在市青年教师模拟讲课比赛中设计的一节课——《两三位数乘一位数》，并给予充分的肯定和很高的评价。恰巧在听报告的前几天，我刚刚看过婷婷老师的模拟讲课录像，当时在看她录像课时就产生了共鸣，因为我在教学本节课时，设计的整体思路和她的设计不谋而合，所以印象特别深。婷婷老师的设计打破常规，将两三位数乘一位数的笔算和整十、整百、整千数的口算进行整合教学。

$$2\times2=$$
$$20\times2=$$
$$200\times2=$$

课伊始老师就直接出示了三道口算算式（如上图），放手让孩子自己去口算，多数孩子都能算对得数。老师进一步追问明确算法：$2\times2=4$ 是直接利用口诀"二二得四"算出得数的，在口算 $20\times2=40$、$200\times2=400$ 时孩子同样也是用到了"二二得四"这句口诀，然后分别在积的末尾加了一个 0、两个 0。这说明孩子已经会算法了，于是老师基于学情，在孩子"明算法"的基础上，进一步"追算理"：$2\times2=4$ 是直接利用"二二得四"这句口诀算出积，另外两道算式也用到了"二二得四"这句口诀，为什么还要在积的末尾分别加一个 0、两个 0

呢？引导生说出 $20×2$ 是两个"十"乘 2，所以要在积的末尾加一个 0；而 $200×2$ 是两个"百"乘 2，所以要在积的末尾加两个 0。在此基础上老师进一步追问：如果是 $2000×2$、$20000×2$ 呢……生也能顺势而为、脱口而出：两个"千"乘 2 积的末尾要加三个 0，两个"万"乘 2 积的末尾要加四个 0……到此，孩子在头脑里已经有了整十、整百、整千数……甚至更大的计数单位上的数乘一位数口算的基本模型，在口算这类题时，实际上是算"几个计数单位乘几，得到多少个这样的计数单位，根据不同的计数单位末尾再添加不同个数的 0"。

【建议】

严格地说，这里应该先分析 $2×2＝4$ 这个算式，虽然可以直接根据口诀算出积，但实际上算的两个一乘 2 得 4 个一，这样就能在孩子理解算理的基础上，进一步明确算法："几个这样的计数单位乘几，用口诀算出积后，再根据计数单位确定在积的末尾添几个 0。"这样更利于孩子建立模型、形成乘法运算的完整知识体系，为后续学习小数乘法、分数乘法做好铺垫。

【反思】

在以上这种教学模式下，孩子明白的不仅仅是这些整十、整百、整千、整万数乘一位数的算理，更大（或更小）的"计数单位"上的数乘一位数，孩子们也能类推出其算法。后期在学习小数乘法时也是一个道理：几个小数的计数单位乘几，同样得到几个这样的小数的计数单位。再拓展到多位数相乘也是一样，只是乘一位数时只需要一步就能算出结果，而到了多位数相乘时需要分几步来计算，最后再把每次乘得的积相加（乘法竖式只是为了记录每次口算的结果）：用个位乘表示多少个一，用十位乘表示多少个十，用百位乘表示多少个百……最后再把几次乘的积相加，也就是计数单位的累加。短短一节课的时间，孩子以"乘法口诀"为拐棍，以"计数单位"为支撑，将教材中分散到不同年级不同单元的有关乘法计算的相关整数知识进行整合，不仅减少了授课时间，提高了课堂效率，更重要的是孩子在这种教学模式下习得的知识更加系统，更容易帮助孩子形成完整的知识体系。显然，一个整十、整百、整千、整万的数……乘几，概括为"几个计数单位乘几，得到多少个这样的计数单位"是一种更加上位、更具统摄性、更有扩展性的数学思维，用"几个计数单位"来统摄"整十""整百""整千""整万"等的学习，零散的知识就被"拎"起来了，课堂就具有了长程眼光和穿透力，一节课便上出了几年的跨度。

对知识系统性、结构化的理解，不能局限在纯计算层面。多一些视角，可以在更高层面上建构知识系统。依据笔者多年的教学经验，在之前的教学中对部分章节的学习已尝试过这种"结构化教学"，但是没有专家的肯定和指导还不敢确定自己的教学方式是否可行。但是去年听过罗明亮老师的一节《乘法》的整合教学的课例，笔者对最初的想法找到了答案和方向，所以在教学中开始有意地去尝试，《两三位数乘一位数的口算》的教学就是一节很典型的成功案例，当时笔者在教这部分知识时是口算和笔算分着来教学的，而婷婷老师的跨度更大，直接一节课把口算和笔算同时来完成。笔者觉得这与模拟讲课也有关系，如果真是面对孩子来上的话，口算和笔算在一节课完成容量是有点儿大的。但是不管是用一节课还是两节课来完成这部分知识的教学，只要老师心中有思路、有想法、有目标，就能按整体性、结构化的思路进行教学，孩子头脑中形成的就是完整的知识体系，习得的就是"乘法计算就是计数单位的累加"的上位思维。这种思维模式笔者在执教的青岛版教材培训课《三位数乘两位数》中也进一步进行了完善：三位数乘两位数，用个位上的数去乘，得到的是多少个"一"，用十位上的数去乘，得到的是多少个"十"，再把两次乘得的积相加。进一步拓展：如果乘的是三位数、四位数……呢？得到的就是多少个"百"、多少个"千"……把几次乘得的积相加，直至孩子明确：如果继续往下乘，得到的还是多少个不同的计数单位，最后把不同的计数单位上的数累加就能算出最后的积。孩子们的认识到了这一步，整数乘法的教学就画上了完美的句号。带着这种思维继续学习，孩子们会自觉地把这种思维模式迁移到小数乘法、分数乘法，进一步明确"乘法计算就是不同计数单位的累加"这一数学本质。并且由乘法做基础，孩子在学习除法时理解"除法就是分单位"这一本质就顺理成章了。由此可见，在结构化数学课堂教学中，孩子从对知识的表层数学认识，走向对数学逻辑与数学意义的深度理解。因此，结构化教学契合数学本真教学特点，能够促进孩子从数学知识的理解、思考、探究中走向深度学习，问题能够理解得更加透彻。

郭老师的报告给笔者在教学实践中形成一些不成熟的想法给予了专家引领，有了郭老师的引领，笔者会在后续的教学实践中对系统性、结构化教学做进一步的研究，并申报了课题，我们会把该课题作为我校的研究项目继续做下去，并对小学数学教材中相关知识进行梳理。在结构上梳理好相关联知识之间的整体脉络，成为浑然一体的数学知识结构，让系统的大网张得开又收得拢，有效规避碎片化、断裂式的教学方式，彰显教学的前后一致与逻辑连贯。结构化教学作为数学课堂的一种教学模式，并非对传统课堂的否定，而是延伸与创新。通过结构化教学，帮助孩子完善认知体系，发展思维能力，培育思维素养，进而更好地理解数学，喜欢数学，轻松地学好数学。

【理论依据】

《义务教育数学课程标准（2011 年版）》在课程设计思路中明确："为了体现义务教育数学课程的整体性，本标准统筹考虑九年的课程内容"，"充分考虑数学本身的特点，体现数学的实质。"课程标准研制专家组在解读课程标准时也提及："我们的课程应当使孩子真正感受到数学内容本身所具有的'整体性'——数学是统一的，许多不同内容之间存在着实质的联系，包括内涵与方法。这样的感受有助于孩子正确地认识数学的价值、理解数学的内涵，形成应用数学解决问题的能力，发展自身的认识能力。"

让深度学习真正发生

——以《植树问题》为例

2020 年 12 月 23 日，我校作为三小共同体的一员，参加了三小共同体举办的"深度学习课堂建设数学专场研讨活动"。我校许兰贞老师和三小冯帅帅老师同课异构《植树问题》一课。两位老师呈现的课例充分彰显了深度学习的课堂理念，实现了让深度学习在课堂上真正发生。

一、深研教材，整合教学

两节课最大的亮点是两位老师大胆尝试，改变教材原有编排顺序，把两节课的内容整合为一节课进行教学。教材是分两课时来进行教学的，而活动中两位老师都是把植树问题的三种情况在一节课上同时呈现进行整合教学，不仅减少了授课时间，提高了课堂效率，更重要的是孩子在这种教学模式下习得的知识更加系统，更容易帮助孩子对植树问题形成一个完整的知识体系。但是对教师来说是一个挑战，因为两课时的内容用一课时上完，内容确实有点儿多。这就需要老师在备课中下足功夫，重点突破一种情况，其他情况可以迁移类推。从而也可以看出团队在备课时要充分考虑到孩子的已有知识基础和生活经验，执教教师抓住了教学起点，以"20 米的小路，每 5 米栽一棵树，可以栽多少棵？"这个开放性的问题直接放给孩子，孩子自我探究时，出现了两端都栽和只栽一端两种情况。孩子虽然列出了算式 20÷5＝4（　　　），但是并不能明确求出的 4 到底是 4 段还是 4 棵。许兰贞老师抓住了这一本课教学的起点的关键问题进行追问：求出的 4 是 4 棵吗？当孩子思维有些混乱时，借助直观支撑帮助孩子理解（展示孩子画图的情况，把算式和直观图结合起来理解）：20 里面有几个 4 表示 20 里面有这样的几段，而不是几棵。再结合"每 5 米栽一棵"确定是在段与段之间的点上植树，一段对应一棵，一一对应，所以分成的 4 段对应种了 4 棵树。孩子们在数形结合直观图的支撑下很好地理解了"只栽一端"的情况。接下来又展示了 4＋1 ＝5（棵）这个算式，让孩子结合直观图解释一下，加的 1 棵是在哪里加的，使孩子直观地看出"两端都栽"的情况；在此基础上，本来没有出现的"两端都不栽"的情况孩子顺理成章地就想到了。整节课，教师紧紧围绕"直线上点和线之间关系的问题"这一植树问题的数学本质展开教学，在教学过程中抓住了植树问题三种情况之间的联系，结合孩子的知识基础和教学起点，重点突破"只栽一端"的情况，在一一对应和数形结合思想的支撑下，孩子对这一情况充分理解，在此基础上再生长引发出"两端都栽"和"两端都不栽"的情况，顺理成章，水到渠成。

二、在追问中逼孩子深度思考，让深度学习真正发生

两节课，两位教师在整节课的教学过程中，都充分运用了追问和对比。在不断的追问中，引发孩子深度思考，思维不断深化，最终孩子明确："植树问题就是解决直线上点和线之间关系的问题"这一数学本质。在对比中，明确植树问题都是要先求段数，借助直观、一一对应、数形结合等思想，孩子理解：只栽一端，一段对应一棵；两端都栽，在一段对应一棵的基础上再在开始的点上再栽一棵；两端都不栽，在一一对应的基础上去掉末尾点上的一棵。在此基础上沟通植树问题三种不同情况段数与棵数的关系，进而找到解决植树问题的方法。在这一过程中，孩子经历了真实完整的学习过程，自发、自主地对问题进行深入思考。正如陈静静老师所说："没有问题的提出、没有探索的过程、没有亲身体验、没有深入思考，对孩子来说学习就成了一件苦差事。"而我们的课堂，正是因为有了孩子们"提出问题——自主探索——不断追问——深入思考"这样的学习过程，才会呈现"让学习真正发生"的深度高效课堂。

三、带着问题走进课堂，带着新问题走出课堂

"带着问题走进课堂，带着新问题走出课堂"这种以教学为中心的教学方式

对教师来说要求很高，教师要运用多种教学手段引导孩子积极主动地发现和探究知识，解决问题。我们学校许兰贞老师的这节课，很好地呈现了让孩子"带着问题走进课堂，带着问题走出课堂"。课前，放映一段视频帮助孩子了解了植树造林的好处，课伊始老师直接提出问题："植树中还隐藏着一些数学问题，同学们想不想去研究一下植树中的数学问题？"带着这个问题进入课堂，孩子们的探究欲望被激发出来，积极投入自主探究植树中的数学问题中。课末，教师在总结了这节课我们研究的植树问题实际上是"直线上点和线之间的关系"的问题的基础上，进一步拓展：同学们想不想进一步了解在封闭图形上的植树问题？它和我们今天研究的在直线上植树问题又有没有关联呢？课下同学们可以研究一下，下一节课我们来交流。老师留的这一问题"尾巴"，将孩子课内研究植树问题的兴趣延伸到课外，这样就弥补了课堂上因为时间有限，不能进一步探究的缺陷，让孩子带着问题走出课堂，激发孩子的好奇心和求知欲，他们会自主自发地去探索、研究，真正调动了孩子探究的欲望和兴趣。

纵观两节课，我们欣喜地看到深度学习已在我们的课堂上真正发生。因为我们的课堂上孩子自觉、自发地对植树问题进行探究，而且整节课完全沉浸在对植树问题三种情况的探究中，这种长期的、全身心投入的持久学习状态就是深度学习状态。

"粗心"背后隐藏的"玄机"

——"粗心"的实质性分析及对策

在孩子的数学学习过程中，不可避免地会出现一些错误，"人非圣贤，孰能无过"？孩子偶尔出点错误倒也无可厚非，完全可以理解；但有些孩子不是这样，粗心的毛病"天天犯"，老师家长反复纠正，就是"屡错不改"，这类孩子的粗心、马虎已经形成习惯，成为一种性格缺陷。更为严重的是很多孩子甚至家长对粗心造成的错误看得非常轻描淡写，认为粗心做错了没什么大碍，只要下次细心就一切 OK 了。

实则不然，往往是那些平时出错多的孩子，即使是自己感觉很细心、很认真了，但他的错误仍然是屡屡出现。是什么原因导致出现这种现象呢？经过对孩子们大量的错题资料进行观察、分析，笔者发现，这些孩子的错误并不是由单纯的粗心所致。错误的背后，隐藏着孩子诸多方面的缺陷和问题，隐藏诸多的"玄机"。面对孩子在学习过程中出现的各种错误，我们应擦亮眼睛，对错例进行实质性分析，找出孩子错题的真正原因，做到"牙疼医牙，脚疼医脚"，而不能让"粗心"蒙蔽了我们的双眼。

一、学习态度不端正，势必造成 "粗心"

有的孩子学习态度不够端正，或者对学习不感兴趣、不踏实，学习浮皮潦草，势必会导致粗心——他们对知识一知半解，或题目没有看清楚，或计算不细心，或书写时马虎，一边做作业一边想着快点写完去玩，所以还没有感知清晰，就急于下笔，结果丢三落四，错误百出。孩子这种原因出现的错误，只能说是态度问题，而不是简单的粗心所致。

例如：在学习"乘法估算"时，有一道实践题是这样的："估计一下你的语文书一页有（　　　）行，一行有（　　　）字。你的语文书有（　　　）页，你的语文书共有（　　　）字。"结果有一个同学是这样填的："语文书一页有（　9　）行，一行有（　13　）字。语文书有（　1　）页，语文书共有（　1000　）字。"看到这么荒唐的错误答案，同办公室的所有老师都忍俊不禁、哭笑不得，可想而知，这个孩子在做作业的时候思维完全处于无意识状态，没有任何的思考，就乱写一气，更没有联系实际来考虑。这纯属应付，是小孩子学习态度不端正的典型表现。

针对这种情况，老师和家长首要的任务是引导孩子端正学习态度，让孩子产生爱学习的动力，重视培养孩子良好的学习心境——静心、静气，创造安静、祥和的学习气氛和环境，才能做到踏实，少出或不出错误。

二、知识掌握不扎实，也会导致"粗心"

有时候一些看似由粗心引起的错误实际上是基础不够扎实、知识掌握不牢固、答题技巧不熟练或在某个知识点上存在认识偏差造成的。

如孩子初学了小数加减法后，在计算 $10-4.56$ 时出现了如下错误：

答案：（1）6.56　　　（2）6.54　　　（3）6.44

孩子在计算中出现的以上这些错误，是不能笼统地以粗心来概括其出错原因的，因为这些错误明显地暴露了孩子在退位减法中存在的知识缺陷和漏洞。第（1）类错误是孩子没有搞懂"当遇到某一位不够减时要向前一位借1"这一基本的减法法则，而反过来用减数去减被减数，显然是错误的；第（2）（3）类错误是孩子在计算时，对连续退位的原理掌握不扎实，某一位或连续两位明明借走了1，他却在计算中没有减去借走的"1"，还用原数去减。孩子出现这样的错误，绝不仅仅是粗心的问题，而是明显的知识掌握不扎实。

再如学习了《三角形的分类》后，单元测试卷中出现了这样的题目，"等边三角形一定是等腰三角形"，结果有 10% 的同学判断失误。正如几名同学在试卷分析中所写的：（A同学）"考试的时候我没有弄清'等边三角形是特殊的等腰三角形'，还是'等腰三角形是特殊的等边三角形'"；（B同学）"我想的是

'等腰三角形是特殊的等边三角形',应该是'等边三角形是特殊的等腰三角形',我完完全全搞反了。"从这两名同学的分析看,一是对知识模棱两可、把握不准,二是理解反了。这两点都说明孩子对知识掌握不扎实、不牢固。

鉴于此,在教学过程中要夯实基础,对个别孩子的基础知识要严格把关,对新旧知识的"焊接"一定要牢,并随时注意数学知识的复习与重建,加强易混知识间的对比,使孩子对所学知识体系形成一个完整的认知结构。

三、注意力不够集中,心在此而意在彼,那"粗心"也就在所难免了

注意力不集中,或者人们常说的"走神",是导致孩子粗心的重要原因之一。具体表现在:孩子在做作业或考试的过程中做某一道题时,注意力不完全集中在这道题目上,而是想着另外一道题或其他的事情,那么另外考虑的内容就进入短时记忆(孩子在作业或考试的过程中,对于口算或解题的中间步骤的计算结果,是依靠短时记忆来记忆的。短时记忆的容量小,保持的时间短。一般来讲,短时记忆的内容只能在大脑中保持30秒左右的时间),原有的记忆内容被冲掉。这样,中间步骤的计算结果便忘记了,结果就产生了实际的计算结果与书写的结果不一致的现象。

例如:孩子把"0"写成"6"、把"+"写成"-",横式上的得数与竖式计算结果不一致、忘写横式上的得数或把验算的结果写在横式上等等,这些都是注意力不集中所致。在一次期中测试的试卷上,有一道竖式计算题,孩子列竖式时算的正确结果是26.61,而在横式上却写上了26.6。这是明显的注意力不集中所致。

孩子的注意力还不稳定,不容易长期集中在一个问题上,时间一长就容易分散注意力,他们做作业或考试时间太长也容易出错。所以,发现孩子有"粗心"的毛病时,不要随便批评,而应该提醒他们注意力的集中和感知的准确,让他们经过努力来提高自己的心理水平。根据孩子的感知和注意力的特点,家长和老师在辅导孩子学习时要注意对易混淆的地方加以专门的提醒,0.5×0.5 的计算结果是两位小数,而不是一位小数。这些是孩子们容易搞错的,进行了重点点拨后,以后碰到类似的情况就自然能避免粗心了。另外,为了更好地提高孩子们的感知和注意能力，最有效的方法是经常组织孩子进行有目的的观察和思考。

四、没有良好的习惯和责任意识，也是造成"粗心"的重要原因

"良好学习习惯的培养，关键不在学龄后，而在学龄前，不在学校，而在家庭。良好学习习惯只不过是良好生活习惯的引申"。孩子马虎、粗心的毛病，多半是家长没能在小时候多加培养，没有给儿童养成细心认真的好习惯所导致的。如果在儿童幼年时期没有对他们进行过系统的训练，或是常让孩子一心二用，边看电视边写作业，或是让孩子在一个嘈杂混乱的环境里学习，都有可能养成儿童粗心马虎的毛病。另外，如果孩子自身缺乏责任意识，没有责任心，依赖性太强，平时作业都是由家长检查，自己只管完成就万事大吉了。长此以往，就使孩子有了依赖心理，家长真正成了孩子学习上的"拐棍"。考试或课堂作业一旦脱离开了"拐棍"，孩子就会错误百出。

针对以上现状，我采取了以下措施：一是谢绝家长给孩子检查作业；二是实施了孩子"自己检查并签名"制度：让孩子在做作业过程中做到"一步一回头"的检查习惯，全部做完后再次进行复查，并签上自己名字。之所以要求孩子签名，就是为了培养孩子的责任意识，让孩子从小有对自己的签名负责的责任意识，进而激励其认真检查，养成细心的良好习惯。良好的习惯养成了，"粗心"的毛病自然就消失了。经过一段时间的实验，我欣喜地发现孩子的错题率明显减少了。

五、心理不成熟，也会导致粗心

小孩子感知事物的特点比较笼统，不精确，往往只注意到一些孤立的现象，看不出事物之间的联系和特点，对时间和空间的观念也比较模糊。这是心理不成熟的表现，也是造成粗心的原因之一。

例如：在学习新世纪版小学数学教材《面积》这部分知识时，有一道题是这样的：学校教室安装玻璃。每块玻璃长 40 厘米，宽 35 厘米。每平方分米玻璃 4 角钱，一块玻璃多少钱？而孩子解答这道题时出现了如下错误：

错例及分析 1：算出长方形玻璃的面积 $40 \times 35 = 1400$（平方厘米）后，直接

用 $1400×4=5600$（角）。但是题目中告诉的单价是"每平方分米玻璃 4 角钱"，而算出的面积是 1400 平方厘米，单位不一致，是不应该直接相乘的，而很多孩子却看不到这一点。

错例及分析 2：面积单位换算成平方分米后，即：$40×35=1400$（平方厘米）$=14$（平方分米），$14×4=56$（元），而算出总价的单位名称又写错了。

像以上两种错误，是很明显地说明了这部分孩子的感知比较笼统，注意范围不大，不善于分配自己的注意。他们在分析问题的时候，只注意到问题的某个方面，而忽略了另外的重要信息，出现"顾此失彼"的现象，导致分析问题不够全面，以致出现错误。这种错误，表面看是"粗心"，实际是源于孩子心理不成熟。

"粗心"是孩子学习过程中的"绊脚石"和"拦路虎"。针对导致孩子粗心的种种理由，我们在"亡羊补牢"的基础上还要做到"防微杜渐"。不仅要让孩子养成及时改正错误的习惯，更重要的是要让孩子分析错误原因，引以为戒，避免犯重复性的错误，做到"防患于未然"。我的具体做法是让孩子每人准备一个"错题本"带在身边，收集自己在平时学习中的一些错题，分析其错误原因并及时改正。具体设计如下：

原题	错例	错因分析	改正

错题本记录着孩子的错误"劣迹"，是孩子在学习过程中遇到的"红灯"，也是孩子学习中的第一手宝贵资料。要求孩子经常拿出错题本进行"温习"，考前或阶段小结，更要把错题进行"再加工"式的分析，并对典型错例进行举一反三式的强化训练，老师或家长还可以以此为"剧本"对孩子进行个别指导。实践证明，这种补救措施可以让孩子通过反复对比和辨别，避免重复性错误的发生。长期坚持，它将成为帮助孩子减少错误的"法宝"，不仅能帮助孩子找出错误根源，引起孩子重视，而且能提醒孩子要变被动地事后查找差错为主动地积极

防御。

总之，"粗心"的背后，实有复杂深刻的背景，隐藏着诸多的"玄机"，作为教师，一定要引导孩子深入分析，对症下药，以使孩子获得"免疫力"。

"五段式"复习模式上好小学数学复习课

【摘要】传统的复习课教师过多地注重了练习，注重了分数的提高，而相对忽略了按知识体系对整册书或整个单元的知识进行系统的分类整理和总结提升，这样不能及时把所学知识纳入已有的知识结构中，不利于孩子找到知识间的内在联系、形成完整的知识体系，不利于孩子数学能力的培养及数学素养的提高。针对以上情况，笔者结合近几年在小学数学课堂上对复习课的专项研究与实践，形成了"五段式"复习模式，本文主要从五个方面阐释"如何上好小学数学复习课"。

【关键词】小学数学　复习模式　五段式

笔者曾多次担任市区级优课、优质课及教学能手评选的评委工作，但是在各类赛课中很少能听到复习课这种课型。为什么复习课成了教师眼中的"冷板凳"，都不愿去"坐"？笔者调查发现，每到复习阶段，大多数教师都是以单纯的做试卷代替复习，课上一张，课后一张，"练习——讲评——订正"成了期末复习的主旋律，孩子和教师都成了试卷的奴隶。而且多数教师只是钻进试卷里，盲目地做题，不做分析、分类及错题整理，有的题目做了一遍又一遍，可是稍做变化，孩子又不会了。这样的复习，教师教得累、孩子学得苦，往往收效甚微。究其原因就是在复习过程中教师过多地注重了练习，注重了分数的提高，而相对忽略了按知识体系对整册书或整个单元的知识进行系统的分类整理和总结提升。这样不能及时把所学知识纳入已有的知识结构中，不利于孩子找到知识间的内在联系、形成完整的知识体系，不利于孩子数学能力的培养和数学素养的提高。可想而知，这样的复习课拿不到台面，谁还愿意去展示复习课这样的公开课呢？

小学数学复习课到底应该怎么上，成为当下摆在一线小学数学教师面前的最困惑的问题。为此，作为第一批市级名师工作室主持人，笔者带领工作室团队对小学数学复习课进行了专项探索、实践与研究，形成了自己的复习模式，下面结合我们团队的研究成果针对"如何上好小学数学复习课"谈一下自己粗浅的认识。

一、梳理知识，构建体系，形成知识网络

复习课不是旧知识的简单再现和机械重复，而是一次对书本知识的梳理，从而构建体系，形成知识网络，同时也是弥补教学中的不足、提高教学质量不可缺少的环节。因此，要使孩子在复习中把平时相对独立的知识以再现、整理、归纳等办法串起来，形成知识串，加强知识间的对比，沟通知识间的联系，并使之条理化、系统化，进而加深孩子对知识的理解，就显得尤为重要。

可能很多老师认为：我们上的复习课也有梳理知识这一环节呀，为什么孩子的知识还是不成体系，不能有效地把相关知识沟通起来，建立联系，形成网络呢？我们团队调查发现：大多数老师的复习课总是由老师越俎代庖代替孩子梳理知识，孩子仅仅做了听客和陪衬。而我们所提倡的梳理知识是让孩子亲身经历梳理知识、自主建构知识网络的过程，给予他们充分独立思考、展示自己个性的空间，使他们人人参与梳理过程，知识、情感、态度、学习能力才能得到培养和发展。下面笔者就以青岛版（五四制）一年级下册的整理和复习为例，谈一下具体做法。虽然只是一年级的孩子，但笔者在引领孩子进行复习时就已经注重引领孩子按板块（领域）进行分类整理。这样从整体上形成整册教材知识体系的基本框架，在以后的整理复习中即使学再多的内容，孩子也会自觉地按这个框架对所学知识进行整理，把知识"安家"，只是随着年级的增高，每一部分内容不断地添加和组合就可以了。

数与代数	图形与几何	量与计量	统计与概率
1.100 以内数的认识 2.100 以内的加减法（一） 3.100 以内的加减法（二） 4. 智慧广场 5. 乘法的初步认识	1. 认识图形 2. 趣味拼摆	1. 认识钟表 2. 认识人民币 3. 厘米、米的认识	统计

其中数与代数领域包括四个单元和一个智慧广场，主要知识点就是 100 以内数的认识和计算以及乘法的初步认识。第二单元主要内容是 100 以内数的认识和整十数加整十数和整十数加一位数，第四单元主要内容是两位数加减整十数和两位数加减一位数（不进位和进位、不退位和退位），第六单元主要内容是两位数加减两位数的笔算（进位和不进位，退位和不退位）和连加连减、加减混合。笔者又根据知识内容把这一领域分三个阶段进行复习，第一阶段主要复习 100 以内数的认识，笔者提前布置孩子自己整理 100 以内数的认识的有关知识点，再进行小组合作学习，展开生生之间、师生之间的互动交流活动。让笔者高兴的是多数孩子都能说出有关 100 以内数的认识的相关知识和内容，比如：100 以内数的读法、写法、大小比较、组成等等；还有的同学说到了数位、位数和计数单位的不同；更难能可贵的是孩子在交流中还点出了平时同学们容易犯的错误，比如：7 个一和 3 个十组成（　　　），就要特别注意看清楚 7 个一的 7 应该写在个位上，3 个十的 3 应该写在十位上，而不应该不假思索直接按数字出现的先后顺序写成 73，像这样的错误即使到了高年级也经常有孩子犯，作为一年级的孩子能特别提出这一点，说明他对所学知识不仅有了基本的、正确的认识，而且在独立整理过程中把老师在课堂中特别强调的问题已牢记在心，并真正内化为自己的知识甚至经验。

在系统整理 100 以内数的读写以及数位、计数单位、位数等相关知识时，笔者有意让孩子在读数、写数中进一步体会：读数和写数都从高位起；在反反复复读数的过程中，让孩子体会读数实际上是读出了每一位上的数字再加上它的计数单位就可以了，如：28 读作二十八，76 读作七十六，100 读作一百……其实个位的读法也可以加上它的计数单位"个"，只是习惯上人们把它省略了，由此进一步拓展延伸：132、528、3589……怎么读？孩子们兴趣盎然，尝试着去读，而且多数孩子都能读对。从而可以看出：数学知识的前后联系是非常密切的，只要前面的"种子课"打好了基础，后面的知识孩子们完全可以迁移类推出来，这也正是我们在学习新知时一定要考虑孩子的已有生活经验、知识基础和学习能力的重要原因，有些知识不是老师教会的，而是孩子自己在学习过程中借助已有知识和经验迁移类推"悟"出来的。从另一个侧面讲，这也更进一步说明了整理复习课沟通前后知识联系的重要性。

复习到数位时，笔者进一步让孩子体会越往左数位越高，并由个位、十位、百位，想到了千位、万位等更高的数位，并进一步明确个位是（整数部分的）最低位。"还有没有比个位更低的数位呢？"笔者提出了更有挑战性的问题，这个问题对一年级的孩子来说可能还有点儿早，但是即使他们现在不知道，有心的孩子也会在生活中和书籍中去留意、去寻找并发现答案。笔者觉得作为最后的整理复习课，适当地进行延伸和拓展更有利于知识网络结构的形成，激发孩子的求知欲，未尝不可。

第二阶段是让孩子对 100 以内数的计算进行整理。"看一遍不如讲一遍"。笔者放手让孩子尝试着进行整理，并且把整理的思路和理由说给同学听的过程，就是让孩子对所学知识有个完整的认识和思考的过程，这样孩子得到的不仅仅是 100 以内数的计算的方法，更多的是把这些知识进行整合，沟通前后知识的联系，纳入已有的知识网络。通过这样的整理，当笔者提出：到现在为止我们学习了有关哪些数的计算？孩子能准确地说出：10 以内数的加减法、20 以内数的加减法和 100 以内数的加减法。"以后你们还想学习有关哪些数的计算？"当笔者提出颇具挑战性和延伸性的问题时，孩子们兴趣盎然：千以内的、万以内的数、更大的数……"有没有更小的数的计算？"一语激起千层浪，这时有的说到了有关小数和分数的计算，虽然这些术语在他们大脑里还是模糊的，但是他们潜意识里已经明确随着年级的升高以后他们还会学到更多不一样的数，可能比现在的数大，也可能比现在的数小。这样的复习课，让孩子对数学知识和数学课堂充满了期待，不仅激发了孩子学习数学的兴趣，更能让他们体会到数学的知识体系以及前后知识之间的联系。

第三阶段是对乘法的初步认识单元进行单独的复习整理，注意沟通乘法算式和同数连加算式的联系，明确乘法各部分与加法算式之间的关系，结合具体情境进一步理解乘法算式的意义。

一年级孩子的能量也是不可低估的，只要教师引导到位，注意培养，他们照样能把所学知识说得头头是道。孩子自己提前整理的过程，其实就是他们在系统回顾所学内容、进行有效整理的过程。他们所讲述的，虽然大多数就是平时学习中曾经接受、掌握到的知识、方法、解题要点等，但因为是自主思考、独立研究、亲口表述出来的，也就显得特别清晰，印象深刻。加之老师的恰当引导和热情鼓励，孩子所获得的绝不只是书本知识了，而是按一定的标准把相关知识进行整理、分类、综合，搞清楚知识的来龙去脉，沟通相互关系，理顺知识的内在联系，使各章节中的相关知识点都联系起来，形成知识网络，构建完整的知识体系。在这一过程中，孩子还有积极的情感效应，成功的快乐体验，数学思维、数学活动及学习经验的积累。

二、创意活动，别出心裁，激发复习兴趣

平时的新授课，新鲜有趣；复习时，要重复已学的内容，有的孩子会觉得单调、枯燥无味，学习积极性不高。针对这种情况，就需要教师特别注重复习方案的设计。教师就要依据复习内容设计富有创意、别出心裁的活动，将要复习的内容做有机的组合，以一种新的问题方式呈现给孩子，使孩子有新颖感，由此来唤起孩子的注意，促使孩子主动学习。在活动中不仅仅是复习知识，掌握、巩固、弥补新授课解决不了的问题，它更大的效应应该是在复习课上，孩子能感受到与新授课不同的另外一种风景，感受到复习课的魅力。

就像我们学校每学期期末都要举行的"游园乐考"期末质量考查活动，每个学科的老师根据本学期所学内容设计适合的考查项目。我们一年级数学活动的设计贯彻了新的课程标准中提出的由"双基"变"四基"的培养目标，设计了"心中有数""钟表嘀嗒嘀""欢乐购"等孩子喜爱的活动项目，孩子在活动中答题，在体验中提高解决数学问题的能力。

如在"欢乐购"模拟活动中，活动场地创设了商店的情景，准备了孩子们喜欢的各种文具、玩具和小食品，并明码标价，让孩子选两样自己喜欢的商品，先根据商品标价几点几几元（如：10.50 元、4.25 元）转换成几元几角几分（10 元5 角、4 元 2 角 5 分），再独立算出两样商品一共要花多少钱，并思考如何付钱、找回多少钱等问题。这些在课本上感觉很枯燥的数学问题，在"欢乐购"活动现场变得更具有趣味性和生活化，孩子真正感受到数学就在身边，解决生活中的实际问题的过程也是数学学习的过程，进一步感受到了数学与生活的密切

联系。

再如我们学校每年在"阅读节"期间举行的"图书跳蚤市场"活动,也是让孩子亲自参与、体验购物的过程。通过生动有趣的游戏和活动引导孩子积极参与到复习中来,让孩子体验到复习的新颖性、趣味性、多样性,并在活动中体验到了学习数学的乐趣,从而激发了孩子学习数学的兴趣,增强了孩子学好数学的信心。

三、梯度练习,有序思考,渗透解题策略

复习课中,练习的设计一定要有层次、有梯度,不是简单的重复,而是不同层次的综合。一般的练习设计都遵循先基础再拔高、由浅入深、由易到难的原则。作为整理复习课,最后的练习设计一定要有梯度,以实现"让不同的孩子在数学上得到不同发展"的目标。因此,笔者的复习课上,总会有不同难度的题目出现。难题并不可怕,可怕的是你没有办法来对付它!这就需要教师有效地渗透一些解决这类问题的策略和方法,虽然解决问题的策略在教材中有专门的单元,而且比较集中在四五六年级,但是,策略的思想是没有阶段的,从低年级开始,结合具体的问题,恰当地对孩子进行解题策略的渗透,可以提升他们的学习水平。但是习题要具有开放性,创新性,使思维得到充分发展。

例如青岛版(五四制)一年级下册教材 P64 例题——"用 50 元钱去买一个海螺和一个珊瑚,还剩多少钱?"笔者要求孩子用不同的方法进行解答。此题解决思路有两种:一种是先求一个海螺和一个珊瑚一共要花多少钱,再算还剩多少钱;另一种是用带的 50 元钱连续减去两样东西花的钱,算出还剩多少钱。一题多解可以培养孩子分析问题的能力、灵活解题的能力。不同的解题思路,列式不同,结果相同,收到殊途同归的效果。同时也给其他同学以启迪,开阔解题思路。

在解决"能用 5 颗算珠表示出最大的两位数是(　　　),最小的两位数是(　　　)"时要引导孩子思考:把 5 颗算珠放在两个数位中,会有很多种放法,但是又要从多种放法中得出规律:放在十位上的算珠越多,这个两位数就越大,放在十位上的算珠越少,这个两位数就越小。孩子经历了解决问题的全过程,就

会找到这道题的正确答案只有一种情况，最大的两位数是（50），最小的两位数是（14）。

在解决"10元钱可以换（　　）张2元和（　　）张1元"的问题上，刚开始多数孩子能找到正确答案，但都是零散地只想到其中一种或两种，没有按一定的顺序来思考，不能把答案写全，这样不利于孩子有序思维的发展。因此，在复习中，笔者把重点放在要注意培养孩子有序思考问题上，以保证不遗漏、不重复地把各种情况都考虑全面。找到解决问题的策略，犹如给孩子的思维插上了翅膀，多数孩子能按顺序思考，把各种情况都考虑全面。并且有的孩子还总结出了先想全换2元的：10元钱可以换（5）张2元和（0）张1元；往后每少1张2元就会多2张1元，依次出现了10元可以换：

（5）张2元和（0）张1元；

（4）张2元和（2）张1元；

（3）张2元和（4）张1元；

（2）张2元和（6）张1元；

（1）张2元和（8）张1元；

（0）张2元和（10）张1元几种不同的答案。

在解决P66"小动物来做客"："原来有92位客人，走了27位，又来了15位，现在一共有多少位客人？"这个问题的时候，要注意沟通它与一年级上册学过的"到站停车"问题之间的联系："车上原来有12人，到站下来3人，又上去4人，车上现在有几个人？"这两个问题虽然是不同情境，涉及不同数的计算，"乘车问题"是20以内的加减混合计算，"小动物来做客"涉及的是100以内两位数加减两位数的加减混合计算，但它们的解题思路和策略是一样的。当沟通二者的联系后，孩子们就会感觉这样的题其实我们早就会了，只是数比之前大了一点儿，但是利用学过的知识也完全能解决。这样孩子心目中"新题不新、难题不难"，问题也就迎刃而解了。

孩子数学学习的潜能是不可估量的，只有训练不到，没有孩子做不到。因此说，数学学习是一个生长的过程，要想看到大树，我们得先埋下种子，或者说，当你开始培育树苗的时候，首先想想我们在什么时候播种了种子。在我们日常的数学课堂教学中，只有从低年级开始，鼓励孩子从不同的角度去观察、去思考，结合具体问题恰当地对孩子进行解题策略的渗透，发展孩子思维的发散性、求异性，才可以促进孩子思维发展，提升他们解决问题的能力，形成良好的数学思维品质和数学素养。

四、及时测评，查缺补漏，解决疑难问题

教育心理学十分重视教学评价与反馈，认为通过教学评价给予孩子一种成功的体验或紧迫感，从而强化或激励孩子好好学习，并进行及时的反馈和调控，以便查缺补漏，改进学习方法。每当复习一个章节完成时，笔者都会留下一定的时间让孩子看书质疑；并选取数量适当的题目进行当堂检测，测试内容既能激发孩子的复习兴趣，又要突出重点，针对性强，注重实效。在测试过程中，围绕测试的主题，教师一定通览整张试卷，对孩子掌握较好的内容，可以一笔带过，对孩子容易出错的知识点，可单独摘抄出来，供孩子反复训练；把其中的典型题目圈画出来单独呈现，让孩子再次练习。

测试完"100以内数的加减法专项训练试卷"后，笔者发现共性问题是：部分孩子的计数单位没有用汉字而写成了阿拉伯数字。针对这种情况，笔者把出错比较典型的试卷在讲评课上进行展示并分析，告诉孩子计数单位一定要用汉字"一、十、百"来表示，表示计数单位个数的数可以是"1、10、100"的形式。

围绕测试中孩子出错率高的题目，教师还可以根据孩子出错情况自己编写或者从资料中查找综合性强的典型题目，做有益的补充。

针对每次测试中发现的共性问题和典型错例，笔者将练习的重点放在重要和关键的知识点上，帮助孩子从中找出解题的规律与方法，做到举一反三，灵活运用，孩子通过练习不断得到启发，当孩子的情感处于积极状态，思维处于活跃状态，相关的知识也一一被激活，这有利于孩子主动对学过的知识进行梳理、整合，沟通内在联系，使之串联成线，联结成块，形成知识结构。真正实现通过测评发现问题，及时查缺补漏，进一步完善知识网络结构的目的。

五、培养能力，形成方法，养成复习习惯

帮助孩子养成良好的复习习惯至关重要。孩子的复习习惯需要教师的关注与培养：一是会概括。即每学完一个单元或章节，孩子能试着概括本单元或章节主要学习了哪些内容，它们与前面所学的知识有什么联系，这是孩子必须具备的能力。当然，这种能力与习惯的养成不是一天两天就会见分晓的，它需要教师长期的渗透与培养。二是会交流。即会将自己的想法与同伴进行交流。每个孩子在概括知识时可能会出现不合理或者不完善的地方，但与同伴交流的过程中同伴之间可以相互补充、相互借鉴、取长补短，在同伴间你一言我一语相互交流与补充中就会把知识点整理得趋于完善。虽然没有老师概括得那么尽善尽美，但孩子在与同伴交流的过程中及时调整自己的不足之处，不断地完善自己的想法，这就是成长与进步。因此，同伴间交流必不可少。三是会根据所学的内容自己整理知识框架图。如果孩子真正理解、掌握了所学知识，那么他们就应该具备把本单元的主要知识点以知识框架或知识树的形式呈现出来的能力，这也是孩子内化过程中的重要一环。对孩子来说，整理知识树的过程，就是把本单元或章节所学知识进行系统的概括整理与提升抽象的过程，在这一过程中，他们应该有基本的知识框架与结构，沟通本单元甚至与之前知识之间的联系，形成知识网络，这也正是复习课需要孩子具备的基本能力。整理的过程可能会花费较多的时间，但是能参与整理知识的过程，并以知识树的形式呈现出来，远比做几张试卷对培养孩子的数学学习能力强得多（笔者一般是把整理的作业放在周末或前一天晚上去完成）。所以说，教师只要敢于放手，把主动权交给孩子，孩子总会给我们惊喜。这样带领孩子进行整理与复习，既可以充分发挥孩子学习的积极性，同时也培养了他们对知识进行有效的梳理、归纳、概括，理清知识线条，分清解题思路，加强知识间纵横向联系和比较，构建知识体系，形成知识网络，从而形成自己独特的整理与复习的方法，养成对所学知识及时进行整理的习惯。

笔者认为，如果说数学新授课是"画龙"，那么复习课则是"点睛"。复习课作为"画龙"中的"点睛"之笔，显得尤为重要，点得好就是锦上添花；点不好，就是画蛇添足。"教学有法，教无定法"，这是笔者带领工作室团队的研究成果并结合自己所教班级的实际情况摸索出的"五段式"小学数学复习课的复习

模式，还有很多不成熟和需要改进的地方。在以后的教学实践中，笔者将继续积极实践与探索，大胆尝试、勇于创新，在实践中摸索，在摸索中前行，在前行中提高，进一步完善小学数学"五段式"复习模式，促使小学数学复习课真正走向实效。

悄悄改变作业的"脸"

——特色作业设计

孩子是一个个活泼、独立的生命。他们的遗传素质、知识和经验、家庭背景、文化环境和思维方式等方面存在着差异。因此，他们头脑中的数学也带有明显的"个性色彩"，掌握知识、发展智力和能力的过程中，应有明显的个别差异。秉持着"让不同的孩子在数学上得到不同的发展"的理念，在"每日一题"设计上，笔者精心创作个性化作业，给每个孩子以自主学习和自主发展的平台，使每个孩子的个性得到充分的张扬，并从中感受到作业的亲切，体验到完成作业后的欣喜、自信和快乐。

一、生活性与实践性相结合

案例：学习了《购物》后，笔者布置了这样的题目：陪同家长去超市购物，（1）记录所买商品的价格，并算出花多少钱。（2）可以怎样付钱？（想出几种不同付钱方案）

解读：这是一道有层次的课后实践题。孩子不仅在解答问题的策略和方法及解决问题的方案和数量上存在差异，而且还考虑到孩子不同家庭的经济收入和消费观念，根据自己的家庭状况、兴趣爱好、实际需要，购买不同的商品，算出花多少钱，再根据自己的实际情况想想如何付钱。远比全班同学全篇一律地做同一道题目要好得多。这样不仅体现了数学知识"生活化"和生活问题"数学化"，而且在实际购物的过程中，使孩子经历数学活动过程，获得对数学理解的同时，在思维能力、情感态度与价值观诸方面得到发展，生活实践能力得以提高。可谓"一箭双雕""一题多得"。

二、求同性与求异性相结合

案例：学习了《长方形和正方形》的面积后，孩子容易出现以下问题：
（1）面积公式和周长公式混淆；（2）面积单位与长度单位混淆；（3）对面积和周长的概念理解错位。

结合实际情况和以往经验，笔者自创了这样一道题目：一个正方形菜地的边长是 4 米，这个菜地的面积是多少？如果在四周围铁丝，铁丝长多少？（为了考查孩子对面积单位和长度单位的理解和认识，在问题中笔者故意没加单位名称。）

解读：设计这一组题目，目的是通过对比，"同中求异，异中求同"，加深孩子对面积和周长的认识。解答过程中，算式虽然都是 $4×4$，但其意义是不同的，得数都是 16，但单位名称和意义也是不同的，铁丝长 16 米是求的菜地的周长，而 16 平方米是菜地的面积。在这种"同中求异，异中求同的思考中，让孩子的创造有所凭借、有所收获，进而为孩子提供了自己给自己"开小灶"这样一个平台和空间。

三、开放性、发散性与有序性相结合

案例：学习了《积的变化规律》后，笔者出了这样的题目：看谁写得多？

$$（\quad）×（\quad）＝1500$$
$$（\quad）×（\quad）＝1680$$

解读：这是一道"一题多解"的开放题，答案不是唯一的，目的是训练孩子思维的发散性和有序性。在解决问题的过程中，根据孩子自身情况，同一练习题提不同的要求。首先是体现在数量上对不同的孩子做出不同的要求（体现在尊重孩子差异，注重孩子的个性上）。其次是在解决问题的策略上，呈现出多种答案时，则要对不同的孩子提出不同的要求。注重引导孩子随分析"不遗漏、不重复"数的策略和方法，旨在开放性和发散性的基础上对孩子进行有序思维的训练。

四、探究性、挑战性与活动性相结合

案例：学习了《两位数乘法》后，笔者出了一道这样的题目：

（1）算一算，你发现了什么规律？

21×11　　22×11　　23×11

（2）根据上面的规律，你能很快写出下面各题的得数吗？

24×11　　25×11　　26×11

31×11　　32×11　　33×11

解读：孩子的数学学习活动是个生动活泼的、主动的和富有挑战性的过程。为了引起孩子探究的欲望，笔者设计了以上富有挑战性的题目，以激励孩子积极主动地进行计算、观察、猜测、实验、验证等。

《数学课程标准》提出的"人人学有价值的数学，人人都能获得必要的数学，不同的人在数学上得到不同的发展"，这一规定与叶圣陶先生说的"处处是创造之地，天天是创造之时，人人是创造之人"是一脉相承的，那就是数学教育不仅要让"人人都能获得必需的数学"，还要让"不同的人得到不同的发展"。笔者设置的"每日题"，正是在这种理念的引领下，悄悄改变作业的"脸"，无声息地进行作业的"革命"。它不仅仅满足"全面"，而且顾及"个体"，能真正发挥每个孩子的潜能和智慧，使不同的孩子在数学上得到不同的发展。

换一种方式

——试卷讲评

　　期中考试结束，我们进行了试卷讲评。以前的讲评课，是老师一味地强调应该注意的问题，分析孩子们错题的原因。当孩子拿到试卷的时候，第一眼关注的仍然是分数，而后才是错题。在分析错题原因时，一声声叹息伴随着遗憾的情绪在教室的各个角落此起彼伏，整个教室弥漫着悔不当初的气息。很显然，试卷上又出现了一些不该出现的错误，他们为此而感到后悔与惋惜。见状，我马上改变了原来的试卷讲评思路，而是让孩子根据自己出错的题目，谈一下自己的感受（可以是一句话、一个典型错例，或者提醒同学们应该注意的问题等等）。

　　第一个上场的是 A 同学（他是我们班思维非常敏捷的孩子之一，课堂回答问题一直很积极，最大的问题就是粗心，这次也不例外，9 分全是因为粗心丢的）。"第一大题的第（1）小题：一个小数的小数点右边第二位是（　　）位，第四位是（　　）位，第三位上的计数单位是（　　）。这道题我出错的原因是，把小数部分的最低位当成是'个分位'了，所以第二位我填了'十分位'，第四位我填了'千分位'。"看来他是受整数部分个位、十位、百位……的影响，形成了思维定式，没多思索就写上了错误答案；"第二个错误是第一道竖式计算题，竖式我算对得数了，而在横式上抄错了得数。"说到这儿，他已经有些哽咽了，眼睛里噙满了悔恨的泪水；"第三道错题是……"当他说到第三道时已经泣不成声了。

　　受他的感染，别的孩子对自己一些"不可饶恕"的错误也有了更加深刻的认识，纷纷举手争相要求"展示"。

　　第二个上场的是 B 同学，他是一个非常聪明，但是又很不踏实、不认真的孩子，这次考试成绩特别糟。这对他来说可能是一次打击，也可能是一次激励。

"一见到我的试卷，我的心情一下子掉进了无底洞，我都不敢相信我会考这么差！其中有一道题是'5角7分＝（　　　）元'，但我把5角7分看成了5元7角，真是粗心！还有一道判断题，因为在第一页的最下一行，我一时疏忽，竟然漏下了——没做，很不应该！另一道判断题是'等边三角形一定是等腰三角形'，我当时想的是'等腰三角形是特殊的等边三角形'，实际上应该是'等边三角形是特殊的等腰三角形'，我完完全全搞反了；还有计算题中的7.26－1.6和2.5×4，我没有列竖式，结果都算错了得数。通过这次考试，我自己悟出一个道理：读懂题＋认真＋细心＝100分。"

第三个上场的是 C 同学，他的成绩一直不太理想，不过近段时间有进步，起码与其他同学的差距在缩小，今天他有勇气起来发言，这也是一种进步。"我最痛心的是第六大题，我没有认真读题，也没有认真分析，把'你比我矮'看成了'我比你矮'了，所以这道题一分没得。还有一道计算题，我没有写竖式，口算的结果是11.5，正确结果应该是11.8。以后考试，我们应该仔细读懂题目再做，做题时要细心，做完后再验算。"

最后一个上场的是 D 同学，他的成绩一直很稳定，与 100 分是"铁哥们儿"，可这一次，因为计算题错了一道，与 100 分擦肩而过，因此，他很遗憾："唉！就差那么一点点啊！都怪我一时大意，没列竖式。将 5.66＋0.46 的百分位上的 2 漏写了，谁叫我不仔细检查呢？以后，我一定要改掉粗心的毛病。"

每个同学的发言，恰到好处、准确无误地找出了自己出错的原因以及自己在学习中致命的弱点或薄弱环节，还有些同学指出了自己努力的方向，表明了自己的决心。在反思中成长，相信有了今天的反省与感悟，在以后的学习中他们一定会超越自我，战胜自我，取得更加理想的成绩。

一节课，就在孩子们你一言、我一语的交流中，把整张试卷中应该强调的问题都谈到了，说到典型错题处，我再个别进行一下点评或进行一些同步强化训练。本节讲评课，孩子们不仅找到了自己错题的原因，而且对所学知识有了更深刻的认识，更重要的是通过每个同学的发言，他们真正体悟到了粗心这把"利剑"带给他们的伤害。

教育的目的在于唤醒、激励和引导。今天的讲评课正是起到了这样一种唤醒孩子思维、激励孩子进步、引导孩子反思的积极作用。换一种方式，竟会收到如此好的效果，真可谓"山重水复疑无路，柳暗花明又一村"。

知其错，并知其所以错

——试卷分析

自从孩子进入三年级我就指导孩子每次单元测试后自己写试卷分析，可长可短，主要分析自己出错题的错因及改进措施以及下一步努力的方向和打算。这样做的目的，一是让孩子明白自己丢分的原因，做到"知其错，并知其所以错"；二是让孩子养成自我反思的习惯，引起重视，不再犯重复性错误。下面是摘选了几个同学的试卷分析及典型反思：

A同学：今天，是发期中试卷的时候，我希望能考得好一些。可是试卷发下来，我的心一下子掉到了无底洞：我竟然考这么差！怎么会是这样？我巴不得把试卷给烧了。但是，我又想不能这样，我要看看我错题的原因。于是，我深呼吸把眼泪收了回去，开始认真看题。

5角7分＝（　　）元，但我把5角7分看成了5元7角，真是粗心！又往下看，一个判断题漏下了——没做。继续往下看，"等边三角形一定是等腰三角形"。我想的是"等腰三角形是特殊的等边三角形"，应该是"等边三角形是特殊的等腰三角形"，我完完全全搞反了。在第四大题计算中的 $7.26-1.6$ 和 $2.5×4$，我存在侥幸心理——没有好好列竖式计算，结果都算错了得数。悔不当初啊！

总起来看，没有不会做的，大部分是粗心和没读懂题目要求、没有认真分析题中提供的信息，而酿成了这样的惨剧。从此以后我要多读几遍题，读懂再做，该加括号的要加括号，做完后认真检查。

通过这次考试，我自己悟出一个道理：读懂题＋认真＋细心＝100分。

B同学：今天试卷发下来了，我不敢看，心脏不由得跳快了。我按住自己的胸口，慢慢地掀开试卷，一看，啊？怎么才95分呀！一下子减这么多分难道是粗心吗？我着急地翻开下一页，目光在到处寻找错题，找着了，果然是粗心造成大祸。

这道题是这样的：有 36 名同学排队，要求每排人数相等，怎样排？有几种排法？请写下来。

我当时是只注意了有几种排法，光想这个问题要不要写下来，没注意有几种排法，所以没好好想，结果漏了一种办法，那就是每排 6 人，一共排 6 排。

哎！粗心呀粗心这个老毛病又犯了，以后做题时我要做到认真、仔细，争取不再犯错了。

C 同学：我竟然把"妈妈"的年龄写成 8 岁和 16 岁了，怪不得我同桌笑得那么开心，我简直太愚蠢了，怎么能把这么简单的题做错呢？通过做这道题让我明白了不仅要读好题，还要结合生活实际，想好再做；有时再简单的题也会出错，所以一定要检查好，要学会分析、研究。

D 同学：今天发试卷了，虽然我考了 100 分，但我的心情不是很好。因为我有一道附加题没有做出来。做这道题时，我的脑中已有的知识已混乱，心里十分着急，左思右想，怎么也想不出来，直到老师讲解之后，我才明白。通过老师讲前面的题，我受到了一些启发：(1)认真读题；(2)认真做题；(3)认真书写。

E 同学：唉！这次考试又没得满分，看着同学们一张张笑脸，就知道他们肯定考得不错，我才 88 分，这就是我自开学以来的劳动成果吗？太遗憾了！不过，通过这次考试，我受到了许多教训，还让我对许多题目非常重视，下次一定不能再犯同样的错误！

我出错的原因大部分是粗心，就像选择题的第一个那样，应该能做对的，可我却做错了。但也有掌握不好的地方，比如说第六题的第三小题，就因为我们在学这部分的时候，我没有好好听，才会一时没有想明白。还有第七题，做这样的题，以后一定要认真把题目读清，虽然我在这个题上没有出错，但也一定不能掉以轻心。

通过考试，我知道了这一单元我的哪些地方没学好，要尽快补上，吸取教训。聪明人不会犯两次同样的错误的！

F 同学：这次考试虽然只错了两道题，但是每道题占分很多，所以只得了 93

分。错的其中一道题是一个选择题，是问 13 的倍数是什么，我毫不犹豫地选上了"合数"，可我万万没想到 13 的倍数还有它本身，13 不是质数吗？所以这道题做错了。第八大题的第 2 小题是我们常做的一道题，老师都讲了好多遍了。可我还是跟老师"唱反调"，硬把错的给写上了。就是这小小的错误竟把所有的分数扣去了。唉！真可惜。经过考试，我知道了这一单元的不足，以后要加倍努力，争取取得更好的成绩。

G 同学：我回到家又认真分析了我的错题，发现有许多都是因为我没有掌握好基本概念造成的。如第四题：13 的倍数是（   ），当时我只是想用 13 分别乘 2、3、4……这样的数，却忘记了乘 1，即：一个数的最小倍数是它本身，结果填上了合数。还有一些题是我不认真读题造成的，如第八大题的第三小题：让 36 个人排成每行人数相等的队伍，需要几种排法？而我却只列了表，忘记写最重要的答。还有一道题，是让我求和是 36 的三个连续偶数，我求出平均数后，竟然用平均数减 1！结果算成了三个连续的自然数了。我想肯定是因为没有记住：连续两个偶数之间相差 2。真是不应该！

H 同学：昨天，我们进行了一次数学考试，当时，我自以为很简单，觉得自己能考 100 分。可是今天发下试卷一看，"啊？我怎么才考了 88 分。"我的脑袋瞬间一片空白，"怎么会这样呢？"我的眼前直晃两个大问号。等我清醒后，才急急忙忙看起了错题，我错了一个 12 分的题，我又认认真真地看了一遍题目，看了看我做的题。我想："我当时怎么没看清题目，就瞎往上写。"我太粗心了！题目上明明写的是"三位数"，我却把它看成了两位数。我太粗心了！如果这道题认真看一看，也不会减去 12 分啊！我非常伤心，我恨自己为什么当时不认真看题呢？我真后悔！唉，后悔也晚了，天下哪有后悔药啊！

我现在可知道粗心的后果了。我以后再也不粗心了，我不能再马虎、大意了。我知道认真是最重要的，因为 1% 的汗水＋99% 的认真＝100 分！

部分同学的精彩反思选登：

A.粗心只是一个代称，真正的原因是对某一单元或某一知识点没有掌握好。

B.看起来一个不起眼儿的 2 分，却使我失去了第一次得 100 分的机会，所以我觉得非常可惜！

C.老师对我们说："分数不是最重要的，重要的是你们要认识到自己的错误。"

D.以后我在课堂上要认真听讲，做题不马虎，把题目最少读三遍，希望我能尽快改掉这些坏毛病。

E.虽然我考得不是太理想，但我决定：今后这样的错误不能再重复，同时也要改掉粗心大意和不认真阅读题目的坏习惯。

F.77 分告诉我以后做题要认真读题，细心地做，细心＋仔细＋检查＝100 分。

G.粗心是我永远的敌人，我一定会打败它！

H.有一些错误是完全没有算完就写上去的，结果让我错了好多题。以后，我考试可得好好检查了。

I.总之，下次要认真读题，仔细检查，多想一想。

J.通过这次考试我明白了，做题要细心，有的题也不能考虑太多，我就是一个例子，希望同学们也不要像我一样。

K.我觉得应该读清题目要求再做，而且要细心。

小荷才露尖尖角

——二年级一班孩子数学日记选辑

【老师的话】

数学日记是一座架起生活与数学的桥梁，让孩子学会写数学日记，可以让孩子感受到生活中的数学，理解数学在生活中的应用，让孩子从数学的角度观察和体验生活，激发用"数学眼光"看社会的兴趣，进而激发他们喜欢数学，学好数学。

【孩子的话】

数学日记的重要性：进入二年级，我们重新分了班，来到二年级一班，一切都是新的。教我们数学课的是隆老师，开学不久，一次数学课上，隆老师说："从今天开始，我们的作业要换换口味，以后每周至少写一篇'数学日记'。""啊？"全班同学不约而同地叫了起来，并睁大了眼睛，盯着老师，心里想：是不是老师搞错了？老师看着我们惊异的目光，笑了笑说："你们不要奇怪，数学日记就是要你们把老师讲课及解题的过程记录下来；或是记录你在生活中发现的一些数学问题；对某一道题有什么独到的见解或受到的启发也可以写成数学日记……"听了老师的话，我们似懂非懂地各自点了点头。

第二天，"数学日记"交上去，隆老师看得笑出了眼泪。怎么回事儿？原来有的同学上课开小差，没仔细听，记不下来，情急之下，就把当时开小差时在想什么也写上去了——笑话百出。课后，有的同学说："上课再也不开小差了，否则数学日记怎么完成，写上日记，等于复习了一遍。"我突然想起有人讲过：牛有两个胃，白天吃下去的草，晚上翻上来再嚼。"数学日记"是不是也是这个道理？

◆**在数学日记中徜徉成长**◆

巧算 $1+2+\cdots\cdots+100$

2004 年 10 月 24 日　　二年级一班　　王思雨

小朋友，我问你，$1+2+3\cdots\cdots+100=$？你能用巧妙的办法算得又快又准吗？我告诉你吧，你想想，$1+100=101$，$2+99=101$，$3+98=101$，$4+97=101\cdots\cdots50+51=101$，一共是 50 个 101，也就是 $50\times101=5050$。我再告诉你另一个巧算方法，凑整百法，你想 $1+99=100$，$2+98=100$，$3+97=100$ $\cdots\cdots$到 49 $+51=100$，一共是 49 个 100，再加 100，正好是 50 个 100，再加上一个 50，也就是（49+1）个 100，（49+1）$\times100+50=5050$，你看这是不是很快啊？

生活中的数学——购物

2004 年 11 月 14 日　　二年级一班　　王思雨

在我们的日常生活中离不开购买物品，我们吃的米、油、盐、菜要买，我们穿的衣服、鞋子要买，我们同学用的文具更要买。购物要付钱，付多少钱就要知道每样物品的价格和买的数量，它们之间的关系可以这么说：用每件物品的价格乘买的数量，就是你应付的钱。如果你知道一共花了多少钱，还知道买了几件，我也可以帮你算出每件东西的价格：用总钱数除以你买的数量就可以了。不过我要告诉你，如果你没学乘法口诀，算起来可就麻烦多了。

举个例子来说吧！一天，爸爸出差回来给我了几本书，我正想去拿呢，爸爸说："等等，我要考考你！回答对了才可以给你看书。"没办法，我只有等着爸爸的考验了。"我到书店买书的时候，付给售货员 10 元钱，找回 2 元钱。并且我买的每本书的价格都是一样的，都是整元数，你猜猜我可能给你买了几本书？"我想，这应该先求买书用的实际钱数，用 $10-2=8$ 元，再求买了几本。"如果每本 8 元，那就只能买 1 本；如果每本 1 元，那就可以买 8 本了；如果每本 4 元，就是 2 本；如果每本 2 元，就是 4 本"。我这样想着，但不知道到底哪一种是爸爸买书的方案。正在我左右为难时，我想到了数学课上老师说过，有些问题的答案是开放的，答案不止一种，这样可以训练我们的发散思维能力。于是我就按我的想法，列出了下面的算式：

（1）每本书单价 1 元，买 8÷1＝8（本）

（2）每本书单价 2 元，买 8÷2＝4（本）

（3）每本书单价 4 元，买 8÷4＝2（本）

（4）每本书单价 8 元，买 8÷8＝1（本）

你们猜，我能得到爸爸给我买的书吗？

辨认方向

2004 年 11 月 16 日　二年级一班　王思雨

今天老师带着我们到操场上辨认方向，我站在操场上，知道了哪面是东，和东对着的是西，哪面是南，和南对着的是北。可是光知道这些还不行，假如我们出去旅游，到一个陌生的地方，我们必须会看地图，那地图怎么看呢？通过这节课的学习，我明白了，原来地图上的方向和我们生活中的辨认方向是不一样的。地图上是上北、下南、左西、右东，也就是说，图上方标的建筑物或景点的位置是我们生活中北的方向。明白了这一点，我们就能把生活中的辨认方向和图上的辨认方向结合起来，以后如果外出旅游我可以给你做向导了，保证能找到你要去的地方。

从 1 加到 100 等于多少

2004 年 10 月 23 日　二年级一班　胥文娜

今天隆老师让我们回家写出怎样算出 1＋2＋3＋……＋99＋100＝？我很发

愁，什么时候才能加完。妈妈让我找找规律，仔细想想。于是，我看呀看呀，想啊想啊，再经过妈妈的提示，最后终于发现：$1+99=100$，$2+98=100$，$3+97=100$，$4+96=100$，$5+95=100$……一直到 $49+51=100$，一共是 50 个 100。我想 10 个 100 是 1000，50 个 100 就是 5000 了，最后再加上中间的一个 50 就是 5050 了。即：$1+2+3+4+5+6+7+……+100=50×100+50=5050$。

这么算多简单，原来遇到难题不要发愁，多动脑，多观察，发现其中蕴含的某些规律，做起来就简单多了。做这样的题目真有趣，以后我要多做一些这样的题。相信我会越来越聪明！

怎样摆花

2004 年 9 月 26 日　　二年级一班　　胥文娜

国庆节快到了，为了增添节日的气氛，妈妈单位买了一些花准备装饰花坛。"花坛为六边形，每边计划放 6 盆花，一共需要放多少盆花？"妈妈让我帮她计算一下。我想这很容易，一边放 6 盆花，那六条边上就是 6 个 6 盆，运用我们学过的乘法口诀就是"六六三十六"了。我正在扬扬自得呢，妈妈说："你再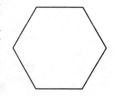仔细想想，画画图看看。"我只好乖乖地画起图来，通过画图我才想起老师在特长班上也讲过这样的题型，每个顶点上的花都是数了两次，所以算出 $6×6=36$（盆）以后，应该再减去六个顶点上重复数的 6 盆，算式应该是 $6×6-6=30$（盆）；或者是把六个顶点上的 6 盆单独算，那么每条边上除两个顶点上的两盆，就是 4 盆，可以列式为：$4×6+6=30$（盆）；还可以看成 5 个 6 盆，算式是 $5×6=30$（盆）。

今天，我不仅能运用课堂上学过的数学知识解决生活中的实际问题，而且能从不同的角度思考，想出了几种不同的解答方法。因此，我希望同学们遇到难懂的数学问题，有些是可以用画图的方法帮我们解决的，如果不信，你也可以试一试。相信你也会喜欢这种方法的。

巧算加法

2004 年 10 月 24 日　　二年级一班　　宋文嘉

今天老师给我们出了这样一道加法题：1＋2＋3＋4＋……＋100＝？我们一看，天啊，这要加到什么时候才加完？老师看到我们痛苦的表情，笑眯眯地说："同学们，这道题虽然复杂，但它是有窍门可寻的，你们把它带回家，仔细琢磨，肯定有好办法，星期一回来我们看看谁能想到巧妙的算法。"

回到家，我苦思冥想，反复看来看去，嘿，我忽然发现：从两头开始加，1＋100、2＋99、3＋98……一直加下去，这样每个加法算式的和都是 101，最后算一算，共有 50 个 101，最后的答案不就是 101×50 的得数吗？多位数的乘法虽然没学过，但请教一下妈妈不就一切 OK 了？按这种算法，最后结果：5050！

大功告成，星期一等着被表扬吧！

一堂有趣的数学课

2004 年 11 月 15 日　　二年级一班　　李想

今天第一节是数学课，老师走进教室神秘地对我们说："今天我们要到操场上认识方向……"我们都高兴得欢呼起来，老师布置好要求，然后我们带上笔和纸，排着整齐的队伍，来到了操场上。

来到操场中央，我们面朝北站着，初冬早晨温暖的阳光照在我们身上，感觉很舒服。老师就是捕捉了这一情景，引领我们认识方向的："同学们，相信你们都知道早上太阳从哪儿升起吧？""东方！"我们异口同声地回答。"中午放学的时候太阳会在什么方向呢？""南方！""下午呢？""西方！"这几个小问题一点儿也难不住我们，我们对答如流。"现在你们面向什么方向？"多数同学说是"北方"，但队伍里也传出了几声不同的答案，比如"南方""西方""东方",哇!竟然有的同学说出了东方。我都有点儿替他们着急了,但老师并没有急于给他们指正,而是让我们在小组内交流。几分钟后,老师再让刚才回答错误的同学来说,结果他们没有一个出错的。原来有些问题并不一定要老师去教,我们同学也可以相互学习的,怪不得老师经常让我们小组交流呢。通过学习,我们都明白了:当我们面朝北时,前面是北,后面是南,左边是西,右边是东。

认识了这四个不同的方向,老师又让我们仔细观察操场东西南北四个方向的景物,并且要求我们先在小组内互相说一说,然后把所看到的景物画出来。那么在图上怎么表示方向呢?我们感觉无从下手,老师为了帮助我们理解,给我们举了个很形象的例子:假设一个布娃娃也跟我们一样面朝北站在一块木板上(平放在地面上),如果我把木板竖起来,(当然我们要用手扶好布娃娃)北方就会跑到布娃娃的哪儿去了?我们听着老师这形象的比喻,好像明白了:那北方不就应该在布娃娃的上方了吗?还没等我举手呢,其他同学已经抢先说了:"北方不是在布娃娃的前方,而是上方。""那南方不就跑到下方了吗?"一个同学起来补充道。多数同学从他们的回答中好像也受到了启发,开始在下面小声嘀咕:"画在图上那不就是上北、下南、左西、右东了吗?"老师听后笑了,所有同学好像从这个比喻中,都找到了正确的答案。就是啊,这么形象的比喻,我们又怎能学不会呢!这节数学课可真有趣。

购物——买东西

2004 年 11 月 6 日　李雅凝

有一天,我和妈妈到超市买铅笔盒。一个铅笔盒 20 元,我有 60 元,猜一猜我买了几个铅笔盒?我的列式为 60÷20＝3(个)。我和妈妈又买了铅笔,一支铅笔 1 元钱,我买了 5 支我花了多少元?算式是 1×5＝5(元)。走到超市门口的付款处,妈妈问:"你能算出我们买这些东西应该付多少钱吗?"我想:买铅笔盒花了 60 元,买铅笔花了 5 元,一共花了 60＋5＝65(元)。走出超市我心里美滋滋的,怪不得老师说生活中处处有数学,原来真是这样。以后我要做个有心人，多观察，争取在生活中发现更多的数学问题，并且要用学过的数学知识解答这些问题。如果这样坚持下去，相信我的数学一定会越学越棒。

◆伙伴作品◆

巧解应用题

2004 年 10 月 4 日　　三年级四班　　孙隆

今天，我拿起了《中国华罗庚学校数学课本》看了起来。有一道题是这样的：

两棵大树之间相距 120 米，园林部门计划在两棵大树之间补栽 14 棵小树，每两棵树的间隔距离相等，求树的间隔是多少米。

乍一看，我觉得无从下手。就去请教妈妈，妈妈说："遇到问题要多动脑思考，换个角度想想，或许你会有新的发现。"听了妈妈的话，我又回到房间，边想边在纸上顺手画了草图，冥思苦想了好久的问题，没想到在纸上一画，却让我豁然开朗。原来解决"植树问题"的关键是理解"植树的棵数正好比段数多 1"，但是这道题中是在两棵大树之间补栽 14 棵小树，实际上树的总棵数是 14 ＋2＝16 棵，16 棵树之间就是 16－1＝15 段。

经过这么分析，我的解答如下：

14＋2＝16（棵）

16－1＝15（段）

120÷15＝8（米）

今天我不仅会做这一道题目，更重要的是学会了一种思考数学问题的方法。今天的收获可真大呀！

数的来历

2004 年 6 月 13 日　　二年级四班　　孙隆

今天，我读了《数的来历》这个故事。故事上说原始社会时，人类在狩猎、种植、捕鱼、采集等活动中，要与野果、鱼、木棒、石头打交道，久而久之，人们便有了多少、数量的意识。如：用"月亮"代表"1"，用"眼睛""耳朵""鸟的翅膀"代表"2"。这是由于只有一个月亮，人有两只眼睛两只耳朵、鸟有两只翅膀的缘故。

最早用来计数的是手指、脚趾，或小石子、小木棍等。不到 5 个的或是只有 5 个的就只用一只手，5 个以上的或 10 个的物体可以用两只手，十几或 20 还要加上两只脚，如果是 20 以上的数就要用石头来数。

现在通用的数码是印度—阿拉伯数码，用十进位制来表示数用 0、1、2……9，10 个数码可表示任一数，低一位的数满 10 后就进到高一位上去。这种十进制，现在看来简单而平常，可它却是人类经过长期努力才演变成的。

原来从故事中也能了解一些数学知识，以后我要多读一些这样的故事，从中了解更多的数学知识。

点睛之笔，失败之处

有人说，一个老师写一辈子教案不一定成为名师，但一个老师写三年教学反思，有可能成为名师。阅读名师的著作，犹如见证了名师的成长；拜读了名师的成长历程，在书中找到了自己。朝向卓越，走向优秀，坚定了我"读书——实践——反思——写作"的专业化成长道路的决心。所以每天记录课堂中的点睛之笔和失败之处已成为一种习惯。

2008 年 10 月 8 日　星期三

正确理解"最长"和"最短"

今天在复习"长短"时，有两道题目要求分别是这样的：

1. 请在长的后面画"√"，在短的后面画"○"。
2. 请在最长的后面画"○"，在最短的后面画"√"。

其中第 2 题是四样东西进行比较，而有很多孩子在每个物体的后面的□里，都画上了"○""√"。看来这部分孩子对"最长""最短"这两个词语的理解与"长""短"不分。我想利用本节课的时间对这一知识点进行重点训练，但是如果只是我一味地讲解，孩子可能不感兴趣，效果也不会很好，再说这也不是我训练孩子思维的风格。如果让孩子去解释两者的不同，我又担心刚入学一个月的孩子说不清楚——我陷入两难境地。不尝试何以见分晓，最后我还是抱着试一试的态度向孩子们提出了具有挑战性的问题："请仔细读一读这两道题的要求，谁能说说它们有什么不同之处？"生自由读题之后，我又领着孩子们读了一遍，这时有的孩子指出：第1题是在长的后面画"√"，在短的后面画"○"，而第2题的要求正好相反，是在最长的后面画"○"，在最短的后面画"√"。看来这个孩子只是关注到了符号的不同，但我还是对他的发现及时进行了鼓励与表扬。说到这个层次并未达到本节课我要训练的重点与目标，于是我继续追问："谁还有不同的发现？"有七八个孩子把小手举得高高的，我耐心地等待了数秒后，又有几个孩子陆陆续续举起了手，我指明一个孩子来回答："第1题是问谁长、谁短，第2题是问谁最长、谁最短。"小家伙说得有板有眼，我对他的发现给予高度赞同与认可，小家伙心满意足地坐下了。这时很多孩子的积极性被激发了出来，个个摩拳擦掌。于是我乘胜追击，抛出了最具有挑战性的问题："那'最长''最短'与'长''短'有什么区别呢？""'最长''最短'都加了一个'最'字"，一个孩子脱口而出——这只是从字面上去理解，看来对两者的本质区别孩子回答起来确实有难度。孩子的思维出现了断层，可能是我提出的问题超出了孩子的思维极限，即使跳起来他们可能也摘不到桃子，这样对孩子来说是一种打击与伤害。如何使问题接近孩子思维的"最近发展区"，使孩子能"跳一跳摘到桃子"呢？根据孩子的反应及表现，我适时做了调整，追加了几个具有缓冲性的问题："比较谁长、谁短时是几个物体在进行比较？""两个"，生脱口而出。"比较谁最长、谁最短时是几个物体进行比较？""四个"，生没加任何思索只是结合本题来回答。"一定要四个吗？""三个行不行？""五个呢？"我"连珠炮"式"轰炸"性的问题激发孩子的思维，使之迅速运转起来。多数孩子点头表示赞同。我见时机成熟，于是又提出了我认为本节课中对一年级刚入学的孩子来说最有思维价值的问题，也是我最想让孩子明白的道理："既然这样，谁能说说至少要几样物体比较长短时，才可以用'最长''最短'呢？"小航第一个起来发言："'最长''最短'必须是3个以上的物体进行比较。"秋颖有不同看法，起来补充："3个也可以。""那至少是几个呢？"我刨根问底。"至少应该是3个，因为3个和3个以上包括3个。"秋颖又一次以她独特的理解能力和精彩发言赢得了一颗智慧果。

【反思】对比、追问和举例是数学教学的三大基本功，在本课例中，当发现孩子对两道题的理解有偏差时，我首先组织孩子对比两道题有什么不同，刚开始孩子只是从表面上去分析，并没有看出其本质区别。我继续追问："谁还有不同的发现？"生再次观察，发现不同："第1题是问谁长、谁短，第2题是问谁最长、谁最短。"从孩子的回答中找到新知识点在"谁最长、谁最短"上，但是"比谁长、谁短"是孩子已有的知识经验，是新知的生长点，并且孩子明确"谁长、谁短"是两个数量进行比较。"最长、最短"是几个量进行比较？我乘胜追击，继续追问。结合本图中的信息，孩子看到的是4个量进行比较，所以认为"最长、最短"是4个量进行比较。这是孩子认识上的偏差，也是思维出现断层的地方，更是本节课重点要解决的问题。为了帮助孩子理解，我进一步举例并追问：一定是4个量进行比较吗？3个、5个、6个……甚至更多个量进行比较可不可以？在老师的追问下，孩子明确"谁最长、谁最短"是3个及以上的量进行比较，但最少是3个。这样，孩子就在老师的适时对比、追问、举例中，理解了"最长""最短"的含义。

2008 年 10 月 23 日

初期的思维训练

"小学是训练孩子思维的学校"，"数学是思维的体操"，作为小学数学教师，匹马当先、理所当然地应该在课堂上训练孩子的思维。因此，在今天的数学课上，在孩子们熟练计算 0 的加减法的基础上，我针对孩子所学内容对其进行了"快乐提升"。

① $5+\square=5$　　$\square-4=0$　　$\square-0=2$　　$3-\square=0$

② $\square-\square=0$　　$\square+\square=0$　　$4-\square>2$　　$2+\square<4$

对第①组，多数孩子在找到有关 0 的加减法计算规律的基础上，能迅速填对。在训练时，我并没有只满足于填对即可，而是让孩子说出这样填的依据。比

如 $5+\square=5$，想：$5+0=5$，因为 5 和一个数相加还得 5，说明与 5 相加的那个数一定是 0，因为只有 0 加一个数才得原来那个数。这样在训练孩子用语言表达的同时，也训练了孩子的思维。"语言是思维的外壳"，只要说明白了，就一定是想明白了；但是能想明白的，不一定能说明白。有时候甚至是在说的过程中自己慢慢想明白的，这就是说，两者有相互促进的作用。因此，一年级重点是要培养孩子多说，多表达。只有这样才能真正实现小学数学教学要达到的"用数学的眼光来观察，用数学的思维来思考，用数学的语言来表达"的终极目标和核心素养。既培养孩子"想"（思考）的能力，又培养孩子说（语言表达）的能力。

对于第②组多数属于开放性的题目，第一道多数能填出 $2-2=0$ 或 $3-3=0$……通过让不同的孩子去回答，就使孩子对该题有了一个全面的认识：相同的两个数相减等于 0。第二道 $\square+\square=0$，答案是唯一的，但多数孩子想不出。我引领孩子思考：两个数相加等于 0，那这两个数该是什么样的数呢？反应快的孩子能想到 $0+0=0$。我没有满足于只让孩子说出结果，而是进一步追问："你是怎么想到的？"有一个孩子起来说："你看，两个数相加如果不是 $0+0$ 的话，那只能越加越大结果肯定不是 0，所以只有 0 和 0 相加才等于 0。"至于最后两道题，有一部分孩子错误地理解为 $\square$ 里的数大于 2 或小于 4，还有的孩子根本不理解胡乱写一通，也有一部分孩子明白了这道题的意思，但是并没有形成完整的认识，只是凑对了数。鉴于这种情况，像这类题目关键是让孩子在想明白题意的基础上，形成较完整的思考体系。因此，我对这两道题（$4-\square>2$，$2+\square<4$）进行了如下的思维训练（举一例说明）：

先想 $4-\square=2$，生：$4-2=2$ 在此基础上引导孩子进一步想：想使 $4-\square>2$，那么 $\square$ 应该填的数比 2 大还是比 2 小？在这一问题上，孩子思考起来遇到了困难。于是我引导孩子们填数试一试，一生填了个比 2 大的数，$4-3=1$，孩子们看出结果比 2 小了，就再试着填比 2 小的数，$4-1=3$ 比 2 大，符合要求。然后我再进一步追问：比 2 小的数除了 1 还有几？生答：0。那 $\square$ 里还可以填几？生想到还可以填 0。就这样在你追我问的形式下，完成了 $4-\square=2$ 这道题的讲解。虽然是一问一答式，但是根据一年级孩子的现状，在他们还不理解这类题怎么做的基础上，进行这样的训练是必要的。在此过程中，我注重了对孩子进行某类题型的训练和思考方法，如果再遇到类似的题目孩子就应该知道怎么做了。这样教学的优势是，能让孩子对此类题有较完整的认识，而不是零零星星、形不成知识体系，这样有助于孩子思维体系的开发。

最后一道，在前面扶得相对较多的基础上，我完全放给了孩子，让他们自己去思考、同桌交流，最后全班汇报。有了前面一道题的思考基础，多数孩子知道从哪里入手去思考，去解决这类题目。虽然有一部分反应相对较慢的孩子在解决这道题的时候又遇到了困难，但是在孩子之间的相互交流、争论中，最后他们也受到了启发，明白了这类题的解法。在此过程中，让孩子经历了"独立思考——遇到困难——寻求解决问题的方案"的过程，在这一过程中，即是孩子经历"愤"与"悱"的状态的过程，"不愤不启，不悱不发"，如果不经历这一过程，孩子的思维永远处于原有的状态停滞不前，经历了这样一种状态，对孩子来说是一种考验与洗礼，这样在经过老师或小朋友点拨的基础上所获取的知识，应该是刻骨铭心的。

在解决以上问题时，我留给孩子充分的独立思考的时间，在独立思考的基础上再去引导和交流，这应该是符合一年级刚入学孩子的年龄特点和思考特点的。因为一年级的孩子毕竟所见的题型太少，没有经历过这样的思维训练，所以只能结合他们的年龄特点及知识基础进行有效教学，以达到思维训练的目的。"教学是慢的艺术"，同样，"思维训练也是慢的艺术"，想"一口吃成个胖子"，只能慢慢来，每天训练一点点，每天进步一点点。这样，经过长时间的训练，相信我们的孩子在思维品质及思维的深度和广度上，一定会有很大的突破。

2008 年 11 月 4 日

由"学会"到"会学"

在学习"8、9 的认识"时，比大小、数的组成是很重要的知识点。在前面学习了"5 以内数的认识""6、7 的认识"的基础上，我开始放手让孩子运用迁移规律，尝试着自己去解决问题。

　　数的组成这一环节，我直接放在课下作为课后操作性作业，让孩子们根据学习经验自己边操作学具边说 8、9 的组成，并要求边操作边把分与合写下来，第二天在课堂上汇报交流。在汇报课上，多数孩子表现得很积极，完全能有序地进行分解，并根据一种分法说出两种分合。如：把 8 根小棒分成两堆，一堆是 1 根，一堆是 7 根，孩子就能说出"8 能分成 1 和 7""8 能分成 7 和 1"。并且在汇报时，根据孩子掌握的情况，我特意指定几个平时掌握不是很好的孩子来汇报，他们的操作过程展现了其思维过程，在动手、动脑的基础上，让孩子用语言表达出来。

　　在比较 5、6、7 大小的基础上，我已重点训练了孩子依据数的大小完整有序地比较数的大小的方法。如：先比较 5 和 6 的大小，5＜6，6＞5；再比较 6 和 7 的大小：6＜7，7＞6；最后再比较 5 和 7 的大小：5＜7，7＞5。在此基础上，比较 7、8、9 的大小时，我完全放手，多数孩子凭借已有知识经验，能完整有序地比较出它们的大小。但也有极少数孩子没有按照一定的顺序去比较，结果少写了或重复了；有一个孩子对"＜""＞"不分。对个别掌握不好的需加强个别指导。

　　从整体情况来看，效果还不错。之所以进行这样的训练，主要是考虑到孩子的认知基础和已有知识经验，让孩子从知识层次到认知层次上有一次飞跃，不仅是让孩子单纯比较几个数的大小，而更重要的是让孩子能有序、完整地掌握比较几个数大小的方法，做到不遗漏、不重复，在孩子头脑里形成一个完整的解决问题的策略和方法，掌握解题技巧，让孩子由"学会"到"会学"，从而提高孩子的学习能力。从而真正实现"知识既是目的，也是手段"的目标，即：使孩子的知识不要成为最终目的，而要成为手段。

2011 年 11 月 30 日

数学习惯内化为数学素养

前几天，市教研室郭子平老师来我校指导及县小学数学教学能手评选活动中，有两位老师分别在我班执教了《周长》和《有余数的除法》两节课。

课后，执教老师及听课老师，对我们班孩子的表现给予了很高的评价，认为我们班的孩子很会听课、思考问题，而且提的问题很有价值。课后，针对老师们的评价及孩子们课堂上的表现，我进行了反思，感觉我班孩子是在平时课堂上日积月累的训练中，随着年级的增高，良好数学习惯的养成内化为数学素养的提升。

从情境中提出问题，关键是将现实问题数学化

数学源于生活，用于生活。用学过的数学知识解决生活中的实际问题是《数学课程标准》提出的课程理念。因此，在平时的课堂教学中，笔者特别注重创设问题情境，上课伊始，就将孩子带入熟悉的生活情境中，然后由生活情境提出问题。作为三年级的孩子，提问题的意识和能力已非常强，更重要的则是将现实问题数学化，让孩子会用数学的思维来思考解决数学问题。例如：在《有余数的除法》一课中，当执教老师出示"先搬 15 盆花，每组摆 5 盆，可以摆几组？"时，孩子们很自然地想到，在这里求"可以摆几组"就是求"15 里面有几个 5"，很自然地将现实问题转化为了数学问题，体现了将现实问题数学化的过程。

联系生活实际，使抽象问题形象化

认识单位是小学数学教学的难点，因为这些知识太抽象，孩子的生活经验又太少，所以经常会出现诸如"爸爸身高 174 米，妈妈体重 50 吨，跑 100 米用 15 时"等错误。为了尽量避免类似错误的出现，我在初步认识这些计量单位的课上，总会让孩子结合生活实际，并适当增加一些操作性活动来完成。例如在认识长度单位时，我会让孩子结合手势认识厘米、米、分米和毫米，在认识千米时，我则带领孩子到户外实际测一测，量一量，先量出 100 米的距离，让孩子思考：

10 个 100 是（1000），10 个这样的 100 米也就是 1 千米，并要求孩子晚上由家长陪同孩子走 1 千米的路程，进一步体会 1 千米有多长。在教学"秒的认识"一课时，我将实物钟表投到屏幕上，让孩子充分感知秒针走一圈，分针走一小格，从而得出：1 分＝60 秒。然后让孩子感受"1 分钟可以做什么"，有的孩子 1 分钟写 20 多个字，有的 1 分钟跳绳 100 多下，有的 1 分钟做 10 道口算题……在实际体验中，就把抽象问题具体化、形象化，从而使孩子轻轻松松学得了知识。

适当增加些难度，在挑战锻炼中提高数学素养

孩子的智力也像肌肉一样，如果不给予适当的负担，加以锻炼，它就会萎缩退化。事实上，孩子的智力是有很大潜力的，教师在教学中设置适当的难度反而会成为激发他们积极学习的诱因。在教学中，有意识地增加点难度（当然是不太"难"，而是让孩子"跳一跳摘桃子"），让孩子有一种危机感，始终感受到一种压力，才能促使他们不断地努力，不断地去发现和解决问题，而在每一次克服困难之后，他们便会感受到一种成功的乐趣，并在这种自身素养的不断提高中增强自信心，求知欲望得到充分满足。在教材的处理上，每学一部分内容，都注意把本部分内容适当引深、拓宽，从较广的层面上去挖掘它在数学整体中的作用和地位，以及与其他内容的联系。有的还适当补充一些内容，让孩子开开眼界。在例题、习题的处理上，我有意选取一些概念性、典型性、解法灵活、特色鲜明且具有一定难度的题目来吊他们的胃口，让孩子觉得不下决心克服困难是不行的，轻轻松松是摘不到苹果的。恰当的逼问有助于孩子数学思维的发展。这样天长日久，孩子对困难的心理承受能力便会逐步增强，孩子的数学意识、思维、语言等各种素养在不断挑战难题中得到锻炼和提高。

另外，在数学教学中注重保护和培养孩子的直觉意识，讲一些数学的发展史，多参加数学社会实践等，都能使孩子的数学素养得到一定的提高。

数学素养归根到底是一种文化素养，数学教育也就是一种文化素质的教育，它的养成不是一朝一夕之事，教师贵在重视和坚持。要通过学习使孩子感受到，数学不仅仅是一系列抽象的知识，更多的则是一种方法，一种文化，一种思想，甚至于一种精神和态度，从而让孩子满怀乐趣和憧憬地去学习它。

第二章　数学素养与终身学习

　　数学素养是公民文化素质的重要组成部分，培养孩子的初步数学素养已成为小学数学教育的根本任务。数学素养的培养和提高，不是靠一两节课的教学能实现的，必须是教师在长期的教学过程中坚持不懈，多渠道、多方面地去努力培养，更需要孩子通过自己主动的实践、探究、体验、感悟而得以逐步提升的。作为数学教师，要把"培养孩子良好的数学学习习惯，提升孩子的数学素养"这一育人目标落实到每一节课的课堂教学中，最终形成史宁中教授用三句话来概括的数学核心素养培养的终极目标：用数学的眼光观察世界，用数学的思维思考世界，用数学的语言表达世界。

　　终身学习是当代教师自身发展和适应职业的必由之路，"严谨笃学，与时俱进，活到老，学到老"是教师应有的终身学习观。读书是教师终身学习最好的方式，"书犹药也，善读之可以医愚"。"心与书的交流，是一种滋润，也是内省与自察。读书的过程也就是一个'物我的回响交流'的过程。"

好习惯，好素养

——在区"低年级数学学习习惯培养"
专题研讨会上的经验介绍

习惯是在长时期里逐渐养成的，一时不容易改变的行为、倾向或社会风尚。素养是由训练和实践而获得的一种道德修养，包括思想政治素养、文化素养、业务素养、身心素养等各个方面。

事实上一切教育归根结底都是为了培养人的良好习惯。

——英国教育家洛克

教育是什么？往简单方面说，只需一句话，就是要养成良好的学习习惯。

——现代教育家叶圣陶

这里的习惯范围是很广泛的，既有学习习惯，也有行为习惯、生活习惯。比如按时作息、勤剪指甲、常洗澡就是生活习惯，上下楼梯靠右行、不在走廊里大吵大闹是行为习惯，像这些习惯作为教师特别是班主任，也是需要重点培养孩子养成的好习惯。今天我们要交流的主要是学习习惯，在座的都是数学老师，所以就谈如何培养孩子良好的数学学习习惯，提升孩子数学素养。

数学素养是公民文化素质的重要组成部分，培养孩子的初步数学素养已成为小学数学教育的根本任务。从某种意义上说，数学素质的培养就是数学学习习惯的培养，良好数学学习习惯的养成和不良学习习惯的克服，意味着孩子的数学素质的提高。

数学学习习惯是在学习方面的比较稳定的心理品质和行为方式，如专心上课、遵守课堂纪律、认真完成作业、积极参与学习活动等等数学学习习惯。不良的数学学习习惯是指孩子在学习过程中经较长时间形成，严重影响学习效果、效率的规律性行为方式。学习习惯对学业成绩的影响是明显的，它是提高学习质量的诸多重要条件之一，是学会学习的重要指标。

《数学课程标准》的基本理念强调："数学教学活动，特别是课堂教学应激发孩子兴趣，调动孩子积极性，引发孩子的数学思考，鼓励孩子的创造性思维；要注重培养良好的数学学习习惯，使孩子掌握恰当的数学学习方法。"《数学课程标准》在总目标中明确指出："通过义务阶段的学习，孩子能了解数学的价值，提高学习数学的兴趣，增强学好数学的信心，养成良好的学习习惯，具有初步的创新意识和科学态度。"

教育家的观点和课程标准给了我们理论支撑，在工作实践中我们也能体会出培养孩子良好学习习惯的重要性。那么我们应该培养孩子养成哪些良好的数学学习习惯？怎样培养呢？下面我就根据小孩子的心理及年龄特点，从内容、方法和策略三个维度，重点从课堂准备习惯、课堂听课习惯、课后作业习惯三个方面，和大家做一下交流。

一、养成良好的课前准备习惯

课前准备是上好一堂课的前提，课前准备得是否充分，直接影响一堂课的教学效果和学习效率，尤其是低年级教师应要求孩子做好课前准备工作。咱们可以想象一下，你走到教室门口，如果教室里很安静，同学们已经做好了充分的课前准备，咱们就可以直接上课，心情也会特别好；如果教室里吵吵闹闹，下位的、乱跑的，桌面上还堆着上节课的学习材料，你的心情会怎样，等组织好准备好学习用品三五分钟时间已经过去了。一节课，就40分钟，这样是不是就大大降低了你这节课的学习效率。所以说做好充分的课前准备非常重要。

具体做法如下：第一，让孩子明白课前准备的重要性，培养课前准备意识。第二，教师起引领示范作用，提前几分钟候课，带头做好课前准备。第三，教会孩子课前应准备的内容，对课前准备行为进行规范。我在对低年级孩子进行课前准备训练中，采用多表扬、多奖励的措施。第四，为了让孩子做到课前准备充分，我们要提出具体明确的要求，督促、检查、评比相结合（量化），加强孩子课前准备的行为训练，形成良好的课前准备习惯。例如：上课铃声停止前，哪一个小组将课本、练习本及必需的文具和学具准备好，并坐在自己的座位上，你就会给该组表扬并每人奖一颗小星星、小贴画之类的小奖品，或者在班级宣传栏上专门有一个包含孩子各方面学习习惯的评比台，哪个孩子在某个方面表现好了，就现场在他的评比台上加一颗标志（可以是星星、苹果，甚至小贴画都可以），这样经过一段时间训练，孩子逐渐"习惯成自然"，养成了良好的课前准备习惯。

二、养成良好的听课习惯

《数学课程标准》课程理念里指出：认真听讲、积极思考、动手实践、自主探索、合作交流等，都是学习数学的重要方式。如果从这个角度考虑，良好的听课习惯也可以从这四个方面去培养。

（一）认真听讲的习惯

听课是孩子学习数学的主要形式。在教学活动中，一方面要求孩子要集中注意力，有针对性地解决未知的问题，听懂老师的讲解。另一方面，要求孩子把自己的思维活动紧紧跟上教师的讲课，开动脑筋，思考老师怎样提出问题，分析问题，解决问题，特别要从中学习数学思维的方法。专心听讲的学习习惯是否养成，直接影响到课堂学习的效果。

为了培养孩子上课专心听讲的习惯，首先应要求孩子听课时，不要思想开小差或做小动作，要集中注意力；其次，要求他们认真听其他同学的发言是否正确，有没有需要补充的，有没有不同观点，鼓励孩子大胆质疑；再次，要仔细观察老师的演示和板书，并按老师的要求认真地操作学具，做好练习。

（二）积极思考的习惯

数学是思考性极强的一门学科，在数学教学中，必须使孩子积极开动脑筋，乐于思考，勤于思考，善于思考，逐步养成独立思考的习惯。积极思考一是紧跟课堂的思路去听老师讲解的或同学的发言，边听边思考是否明白了。二是独立思考老师提出的问题，老师的问题一般是在知识的关键处，通过设计提问的形式出现。例如，11～20各数的认识中，最重要的知识点就是认识"十"这个计数单位，理解"十个1是一个10"，当孩子数出11根小棒时，教师可以出示两种不同的操作方法进行对比：

这时老师就可以提出问题：你喜欢哪种操作方法？为什么？引导孩子说出把10放在一起更能清楚地看出是11根。然后老师进一步追问：堆在一起的这10根小棒我们可不可以这样来表示？（动作演示：由十个1到一个10的过程。）

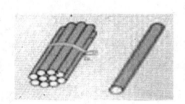

通过这样一个问题，加上动作演示，将问题设在孩子思维的最近发展区，孩子在积极思考老师提出的问题和演示过程中理解"十个1是一个10"，在以后的学习中逐步深化理解"十个1是一个10"，直至做到看到"十个1"自觉地用"一个10"来表示。这样孩子在教师的指导下慢慢养成积极思考的习惯，逐步培养孩子解决问题的能力。三是善于质疑。在数学学习过程中，善于发现问题、质疑问难，是孩子创造性学习习惯培养的一个重要方面。爱因斯坦曾说："提出一个问题，往往比解决一个问题更重要。"质疑是解决问题的第一步，是创新的基础，善于质疑的孩子，善于发现问题。对孩子质疑习惯的培养，教师要言传身教，要教给孩子在哪里找疑点，一般来说，质疑可产生在新旧知识的衔接处、学习过程的关键处、算法规律的结论处等（平均分课例）。

　　《平均分》这节课上，在深化理解平均分环节判断哪个是平均分，充分利用对比帮助孩子理解，可以在几个环节引导孩子质疑，比如：对比第一种和第二种分法可引导孩子质疑：为什么第一种和第二种分法都是分成了两份，第二种是平均分，第一种为什么不是呢？

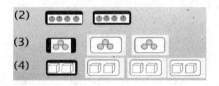

　　由此问题引发孩子思考，第二种每份分得同样多，所以是平均分；而第一种分法，每份分得不是同样多，所以不是平均分。从而对平均分有了更深刻的理解：只有每份分得同样多才是平均分。

　　在(2)(3)(4)都是平均分的基础上进一步引导孩子质疑：这三种分法平均分的份数不同，为什么都是平均分？

　　引发孩子思考理解：不管平均分成几份，只要每份分得同样多就是平均分，避免孩子形成思维定式，认为平均分只能平均分成两份。从而对平均分有了更深刻的理解和认识。

　　在此基础上进一步判断第(5)题，指着前四组质疑：这四份每份都是三个10，是同样多的，为什么不是平均分？

　　引导孩子进一步观察与思考：虽然前四份每份都是三个10，每份同样多，但是最后一份是两个10，和前面的每份的根数不是一样多，所以不是平均分。孩子进一步理解：必须每一份分得都是同样多才是平均分，只要其中一份与其他的不同样多就不是平均分。这样通过三次对比与质疑追问，孩子对平均分有了深刻的理解与认识。在数学课堂上，教师应经常设计"自由提问"环节，鼓励孩子变换角度，多提问题，相互解答疑问、解决问题。

（三）动手实践、自主探索的习惯

教育心理学研究表明：小学低年级孩子的思维以具体形象思维为主要形式，正处在向抽象思维、逻辑思维发展的过渡阶段，他们的抽象思维需要在感性材料的支持下才能进行，因此，必须重视培养孩子乐于动手、动脑、动口的良好实践习惯，使孩子通过看一看、摸一摸、拼一拼、摆一摆、折一折、讲一讲来获取新知。例如一年级在学习"10 以内数的分与合"，二年级在学习"角的初步认识"、角的大小与两边的长短有没有关系，四年级在探索三角形三边的关系、三角形的内角和这些问题时都要通过动手操作自制学具开展学习活动。孩子在动手操作、亲身实践的过程中加上自己的思考，用数学语言来表达自己的想法从而得出正确的结论。开展这样的学习活动，就能使孩子养成手脑结合，乐于实践的学习习惯。

（四）合作交流的学习习惯

合作探究有利于培养孩子团结协作精神、沟通交流能力、团队观念和创新意识。在数学学习中，孩子可以通过合作探究、相互讨论、小组交流等形式积极开展互助性学习活动。在活动中，孩子要学会表达自己的观点和见解，学会倾听他人的发言，学会评判他人的观点，学会接受他人的意见。每一次互助性学习，孩子都要积极参与，相互学习，相互促进，逐渐养成习惯，以便解决数学学习中的疑难问题，提高学习效率和质量，不断取得共同进步。

三、养成良好的作业习惯

完成作业是孩子最基本、最经常的学习实践活动，是巩固知识、形成知识技能的主要手段。老师对孩子的作业不仅从作业格式，书写规范、清楚等方面做明确要求，还要让孩子养成认真审题、独立思考、独立完成作业的习惯以及仔细运算、自觉检验的良好习惯。

《数学课程标准》明确指出"要培养孩子计算仔细、书写整洁、自觉检验以及独立完成作业的学习习惯"。孩子的作业反映了孩子的学习态度和学习习惯以及对知识的掌握情况，小孩子要从小养成认真完成作业的习惯，良好的作业习惯包括：

1.书写姿势规范。从孩子刚入校的那天起，就要培养正确的书写姿势，身体要坐直，眼睛与作业本要保持一尺左右距离，光线要合适等。

2.要求书写工整、格式规范。从一年级在田字格里规范书写 0～10 这几个数字以及在田字格里规范书写算式，到高年级的混合运算、代入字母求值的格式，解决问题要写单位名称、答语以及作业本正确使用中间竖线等问题都要严格要求，特别是符号的准确和步骤的完整。对于多次潦草马虎的同学要狠得下心让他重做。

3.态度认真、独立完成。独立完成作业是发挥作业应有作用的切实保证，要经常表扬那些克服困难并认真检查作业的孩子，防止和纠正抄袭别人作业的坏习惯。

4.认真审题的习惯。审题是进行正确计算不可缺少的环节。通过审题训练，可以养成孩子认真严谨的习惯，引导孩子灵活地选择正确合理的计算方法，提高做题的质量和速度。所以培养孩子养成良好的审题习惯是非常重要的。

5.认真检查的习惯。如：在计算中，不要抄错数，不要计算错。计算后，要认真检查"一步一回头"，同时整个过程要写得工工整整。在全过程中，每个环节都踏踏实实，一丝不苟。

6.及时改正的习惯。开始要求改正作业，每位同学要将做错的题重新在本次作业后面重新做一次。当天的作业必须当天全部改正完毕。（错题本）

数学素养的培养和提高，不是靠一两节课的教学能实现的，作为数学教师，要把"培养孩子良好的数学学习习惯，提升孩子的数学素养"这一育人目标落实到每一节课的课堂教学中。

读书，是一种学习状态

——读书俱乐部成立仪式上的发言

读书，不是为了应付明天的课，而是出自内心的需要和对知识的渴求，是一种非常自然自觉的学习状态。在阅读中思考，在思考中阅读。在读书的过程中，把自己的思考记录下来，形成文字，这是更深层次的阅读，也是我们所倡导的阅读方式。作为教师，如何在有限的时间内提高读书的质量，结合我多年的读书实践，可以用"三个一"来概括我的读书方法。

一是翻烂一本经典。 选一本你最爱、最喜欢、最有价值的书，反复读，把主要内容记在脑子里，掌握其精髓，尽量做到烂熟于心，脱口而出，进而做到举一反三、触类旁通。简单地说，也就是一本"看家"的书。老师们首选应该就是所教学科的《新课程标准》，因为它不仅有新的课程理念，更是具有导向性的工具书，所以要真正领会，有些真的需要记在脑子里，掌握其实质，做到烂熟于心。其次就是我们都熟知的《给教师的建议》，这本书是对我们一线教师最具有指导意义的书籍，也是大家都在拜读的书，像这样的教育经典类书籍，要反复读，读的过程中要联系自己的课堂教学，细琢磨，你会发现，确实是一本经典之作。

低年级老师还可以读一读《孩子们，你们好》这本书，它是苏联著名教育家阿莫纳什维利根据他长期进行没有分数的教育实验的成果，写成的"小学教育的三部曲"中的第一部。特别是种种与众不同的把儿童吸引到教学和教育过程中来的方式方法，对一年级的老师很有帮助。高年级数学老师可以读张思明的《用心做教育》。张思明是北师大附中的数学特级教师，一开始我也不知道张思明是何许人也，只是这本书的名字吸引了我，打开目录的一刹那，我眼前一亮。一个个似曾相识的题目更是扣紧了我的心弦，促使我迫不及待地到书中去探个究竟：从

《让孩子感受数学之美》《让孩子感受数学鲜活、好玩》《数学课本背后的东西》到《在"微科研"中用数学，学数学》《带孩子到生活中寻找"活的数学"》《数学阅读》，这些不正是我一直研究和追求的数学课堂吗。读着张思明老师的一篇篇质朴而凝练的文字，有一种从书中找到自己的感觉。

对我最具有影响力或者改变了我的教育状态的是管建刚的《不做教书匠》，这是一本励志书。其中《别做年轻的老教师》这篇文章主要是写给35岁左右的教师的，也是对我震撼最大的一篇文章。处于这个年龄的教师，职业倦怠悄然而至，读过这篇文章后，会帮助你从职业倦怠的误区走出来。在这篇文章中他以老鹰的成长经历来激励35岁左右的教师：35岁的我们，何不拿出鹰的勇气来改变自己，把身上的懒惰打个粉碎，再把身上的清闲一片一片拔掉，最后把身上的借口一个一个无情地揭穿，像鹰一样勇敢地翱翔于天空。35岁对教师来说是一个年龄的隘口。这个时候能振奋起来的教师将成为教育的骨干和精英，将把教育人生的旅程书写成辉煌的篇章。

二是主攻一个专题。作为一线教师要研究的专题很多，可以结合自己所教的学科或班级管理确立自己的专题，如课堂教学方面的，班级管理方面的。读书时，要找准一个专题，进行专题研究，真正做到"深挖一口井"。美国当代管理学家托马斯·卡林经过研究表明："在任何一个领域里，只要持续不断地花6个月的时间进行阅读、学习和研究，就可以使一个人具备高于这一领域的平均水平的知识。"要做到短期速成，就必须目标专一。卡莱尔说："最弱的人，集中精力于单一的目标，也能有所成就。反之，最强的人，分心于太多的事务，可能一无所成。"所以我们要提倡专题阅读。我研究的专题一是课堂教学，就是针对课堂中的精彩之处或需要改进的地方重点反思，及时记录，形成文字；二是班级管理，以前我一直担任班主任，与孩子们接触的时间和机会也多，所以我把班级管理中一些好的做法及时进行总结，或是追踪某一位同学的成长变化，形成班主任手记，当时《现代教育导报》（也就是现在的《山东教育报》）的班主任栏目编辑殷雪梅老师分别在"班主任手记""班主任经验之谈""点石成金"板块连续刊发我的文章十余篇；三是读书随笔，每每看过对我比较有震撼力和影响力的书，我都会及时写读书随笔，如《我要做个好孩子》《不做教书匠》《用心做教育》《班主任兵法》《孩子们，你们好！》等书都写了书评并发表。

三是精研一位专家。班主任可以研究魏书生、李镇西、万纬、王晓春等；数学老师可研究吴正宪、罗明亮、张齐华、贲友林、潘小明、俞正强、黄爱华、华应龙、徐长青等。根据自己的学科特点、兴趣、爱好和欣赏风格确定自己的重点学习对象，收集有关重点学习对象的所有文字和音像资料，长期研究，掌握其基本的教育教学思想及教学风格，并在实践中学习、应用、模仿。这样你站在成功者的肩膀上会看得更远，走得更快。班主任方面我研究的是王晓春，王晓春原是北京市一名语文教师，退休之后投身教科研工作，并在"教育在线——班主任论坛"开设了案例点评专栏，其分析入理、科学严谨的案例点评，受到了众多网友的极大关注，成为班主任论坛的一大亮点。之后，他又把网上论坛的内容进行整理，出版了《教育智慧从哪里来》一书，在这本书中他反复提倡的是教师的科学精神与研究精神。我学以致用，把书中介绍的管理经验和解决问题的模式应用于自己的教育教学和班级管理中，因此在做班主任时，我时常考虑的是哪些工作可以不做，而不像通常所考虑的哪些工作要去做。因为在处理班级事物时，我不是一切包办，而是大胆"放权"，充分调动孩子的积极性，给每个同学一个岗位，让每一名孩子真正参与到班级管理中来。这是教育管理中的"减法与加法"原理。仅仅是思维方式的一个转变，就真正让我从永无止境的劳役中解放出来。

数学学科最初我研究的是潘小明。我非常欣赏潘小明的课堂，因为他在课堂上留给孩子的思维空间大，课伊始潘老师总是巧妙地设置陷阱，让孩子在不知不觉中犯错，然后教师再引领孩子从错误中走出来。在"不断尝试——出错——纠错"的过程中，展现了孩子原始的思维状态及思维发展过程，孩子真正经历了由"不会"到"会"的过程，孩子的思维发展水平得以展现并提高。我听过他的两节课，一是《平行四边形的面积》，二是《谁围的面积大》。听了这两节课，我都写了观评课记录，在《谁围的面积大》的评课记录中，开始我这样写道：听潘小明老师的课，最大感触就是在课伊始潘老师总能设计一个让多数孩子（甚至全班孩子）都"顺理成章""理所当然"地出错的问题，然后教师围绕这个问题引导孩子举例验证发现错误，进而激发孩子探究正确答案的需求和欲望，从而展开本节课的教学。这种教学模式下，潘老师总是能留给孩子最大的思维空间，让孩子的思维得到最大限度的训练和开发，突显数学课的"有效性"。欣赏一位专家，研读一位专家，耳濡目染，时间长了，你的课也会找到点儿专家的影子。所以，在我的数学课堂上，我也是特别注重孩子的思维训练的。后来我又开始关注吴正宪、罗明亮、张齐华等老师，吴老师作为小学数学界的资深专家，从来没有离开过课堂，现在已60多岁的她仍奔波于全国各地给老师们传经送宝。正是因为扎根于一线，所以不管是她的课还是报告，总能解决一线老师们最棘手的问题，是我们一线教师的"知音"。特别是2018年暑假她在内蒙古做的关于带动名师工作室成长的《我们的十年》和疫情期间在"千课万人"网络直播课做的《统计教学重在培育数据分析观念》的报告，让我对吴老更是多了一份敬仰和钦佩。

　　最近几年连续听了罗明亮老师的几节课，才对他有了深入的了解。他的课堂别有一番滋味，用"震撼"一词来形容听课后的感受一点儿也不为过。罗明亮老师主张"做一个讲道理的数学教师"。罗老师作为福建省小数教研员成立了"明师之道"工作坊，他提出培养"明师"是深化课堂改革的必然，因为只有"明师"才能明道理、教明书、育明人。要想成为一位明师，就要做到"明数理，知教理，行道理"。他所执教的《近似数》课例突显了"明理"的教学主张，突出了三个核心：以核心问题"为什么要用近似数"做引领，关键问题借助核心数轴来理解，核心活动"猜价格"贯彻始终，呈现了一节追求数学本质的数学课，孩子真正"明"求近似数"四舍五入"的道理。还有他在深圳执教的《乘法口算》的整合课堂教学课例给我指明了多年来一直在尝试但又怕打乱教材编排顺序逆势而上承担的后果，所以虽然有些典型课例我一直在尝试着不受教材的约束，按数学自身的知识体系和系统来教，在没有听过罗明亮老师的课之前，我还是缺少专家引领和理论支撑的，不敢把步子迈得太大。听过罗明亮老师的《乘法口算》课例展示，我进一步明确了乘法的实质：用个位上的数去乘，表示多少个一；用十位上的数去乘，表示多少个十；用百位上的数去乘，表示多少个百……最后再把几次乘的积相加，乘法计算的本质就是计数单位的累加。短短一节课的时间，孩子以"乘法口诀"为拐棍，以"计数单位"为支撑，将教材中分散到不同年级不同单元的有关乘法计算的相关知识进行整合，不仅减少了授课时间，提高了课堂效率，更重要的是孩子在这种教学模式下习得的知识更加系统，更容易帮助孩子形成完整的知识体系。显然，一个整十、整百、整千、整万数……乘几，概括为"几个计数单位乘几，得到多少个这样的计数单位"是一种更加上位、更具统摄性、更有扩展性的数学思维，用"几个计数单位"来统摄"整十""整百""整千""整万"等的学习，零散的知识就被"拎"起来了，课堂就具有了长程眼光和穿透力，一节课便上出了几年的跨度。

之所以达到这样的效果，是因为罗老师在上这节课时，心中有思路、有想法、有目标，按整体性、结构化的思路进行教学，孩子才会在头脑中形成完整的知识体系，习得"乘法计算就是计数单位的累加"的上位思维。这种思维模式笔者在青岛版教材培训课《三位数乘两位数》中也进一步进行了完善：三位数乘两位数，用个位上的数去乘，得到的是多少个"一"；用十位上的数去乘，得到的是多少个"十"；再把两次乘得的积相加。进一步拓展：如果乘的是三位数、四位数……呢？得到的就是多少个"百"、多少个"千"……把几次乘得的积相加，直至孩子明确：如果继续往下乘，得到的还是（　　　）个这样的计数单位，最后把不同的计数单位上的数累加就能算出最后的积。孩子在明算理的过程中抓住了乘法运算的本质：就是计数单位的累加。认识到了这一步，整数乘法的教学就画上了完美的句号。带着这种思维继续学习，孩子们会自觉地把这种思维模式迁移到小数乘法、分数乘法，进一步明确"乘法计算就是不同计数单位的累加"这一数学本质。并且由乘法做基础，孩子在学习除法时理解"除法就是分计数单位"这一本质就顺理成章了。由此可见，在结构化数学课堂教学中，孩子从对知识的表层数学认识，走向对数学逻辑与数学意义的深度理解。因此，结构化教学契合数学本真教学特点，能够促进孩子从数学知识的理解、思考、探究中走向深度学习，问题能够理解得更加透彻。

张齐华老师被称为"数学王子"，在2020年的第十四届"和美课堂"观摩会上，我是第一次听他的课，他的课给我的切身体验是"百闻不如一见"。白马王子（Prince Charming）是出现在西方童话故事里的一种人物。通常这位王子出现并解救落难少女，最为典型的就是把她从邪恶的魔法中释放出来。很多传统民间故事里的英雄人物都会被赋予白马王子的特性。由此可见"小数人"给张齐华老师冠以"数学王子"的称号，对他是何等的爱戴与崇敬！他的课给我最深的感触首先是他的教态、他的微笑、他的耐心、他的期待……都从他自带微笑的面容里传递给孩子，让人感觉是那么温暖、那么舒服。其次给我留下深刻印象的是他对孩子满怀期待与鼓励的评价，而且每次评价都是针对学习内容的评价，这是我们课堂亟待提高并学习的地方。在张老师的数学课堂上，我们可以随时随地触觉到数学的源头、数学的历史、数学的精神乃至数学的力量，似乎呈现在我们眼前的不再是一两页薄薄的教材，而是一幅源远流长的数学画卷。

在研读专家课的基础上，再专门阅读他们的成果论著，会对专家、名师的教学思想、研究专长有更深入的了解。我们先后研读过《做一个优秀的小学教师》《小学数学课堂的有效教学》《基本概念与运算法则——中小学数学教学中的核心问题》《跟吴正宪老师学课标》《给教师的建议》《跨越断层，走出误区》《种子课1、2》等专业性书籍及《小学数学教师》《小学教学（数学版）》《小学数学教与学》等专业期刊，并定期举办"读书沙龙"和网络读书交流活动。至此，读书成了我生活中必不可少的一部分，潺潺小溪，每日不断，注入思想的大河。在与孩子们的"亲密接触"中，我享受着教育的幸福与快乐，于是有了把这样的美好时刻定格为永恒，把这种幸福感受、感人故事记录下来的强烈愿望。我尝试着把课堂教学中的点睛之笔和失败之处以及班主任工作中的所思、所想以原生态的文字记录下来，形成了一篇篇鲜活的、真实的、原汁原味的、充满生机与活力的教育教学案例。再次细读时，我惊喜地发现：教育原来有这么令人流连忘返的领域，教育原来可以做得这么有滋有味。所以说，写作的好处在于强迫人静下心来，将自己朦胧的思想、感情和心理感受、体验明晰化，对零星、残缺的思想片段进行修正化、有序化，将原发的、处于相对粗糙形态的思想、情感、感受、体验、心理外化为精美的语言与结构，呈现为一种文化。

读书让生命焕发光彩

作为一名小学数学教师，我本是个不喜欢读书的人。传统的教育教学观念让我一直受"阅读是语文教学的分内事，与数学教学无关"这一错误观念的影响，在 2004 年之前我除了读小学数学教学参考书和几本基本的小学数学杂志之外，其他书籍基本不涉猎。直到 2004 年，学校推出"让读书成为习惯，让书香飘满校园""同读一本书"、创建"书香校园""书香家庭"一系列读书活动以来，犹如给孩子们的读书生涯打开了一扇窗，孩子们沐浴着书香，徜徉在书海中，尽情地享受着书的滋养与润泽。课间，孩子们谈论的不再是动画片中的卡通人物，而是书中的小豆豆、威尔伯、金玲、稻草人……当孩子们的观点有分歧时，他们往往会向我投来求助的目光，以期待从我这里找到"标准答案"。每当此时，我的脑子一片空白，面对那些期待的目光，我感到了恐慌、尴尬和危机，感到了自己的愚钝与无知。"己立立人，己达达人"，只有在自己的修养提高了之后，行有余力，才能去提高、充实、满足和愉悦别人。同理，要想让孩子多读书，教师首先要成为读书人，让读书气来滋养教师气，这是做教师的本分，也是常识性真理。至此，我不得不拿起孩子们读的《窗边的小豆豆》《夏洛的网》《爱的教育》《我要做个好孩子》等儿童书籍，认认真真地去拜读、分析书中的每一个人物。与孩子们一起享受书的润泽与浸泡，沐浴在儿童书籍中，让我进一步了解了孩子，真正走进了孩子的心灵。

"教师需要广博的、独立的阅读"。因此，我又把读书的范围扩展到教育名著、教育随笔、文学作品、历史故事、人物传记等等。当我静下心来，在明亮的灯光下，翻开一本好书，细细品味时，书中的文字，给我以启迪和智慧，让我干涸的心田得到滋润，我的灵魂便在这"润物细无声"的滋养中得到了净化和升华。"书犹药也，善读之可以医愚"，对这句话我有了切身的体验和更深层次的理解。

从此，读书成了我生活中必不可少的一部分，潺潺小溪，每日不断，注入思想的大河。在书海中漫游，浸润在前人留下的丰厚的精神财富之中，浸润在文化经典的田地之中，随意汲取其精华，同时也激发起自己的灵感，唤醒自己的智慧，提高自己的反思意识和能力。思想起源于实践，形成于思考，思考固然可以不动笔，但不动笔、不形成文字的思考往往是肤浅的、零碎的、断断续续的、浮光掠影的。因此说，思考最好的方式就是写作。

肖川教授在《教育的理想和信念》一书中说："心与书的交流，是一种滋润，也是内省与自察。读书的过程也就是一个'物我的回响交流'的过程。""在阅读中思考，在思考中阅读"，"在反思中实践，在实践中反思"。每一次反思都是一次"涅槃"，在一次次的反思中我真正找到了自己，努力使自己走上了一条"读书—反思—实践—写作"的专业化成长道路。当我笨拙的文字变成铅字发表在全国、省级以上教育专业刊物上时，犹如给我前行的帆以内驱力，促使我在这条专业成长道路上远航。2004 年至今，我已有 50 余篇教育教学案例、读书随笔及班主任工作手记在全国、省级以上教育专业刊物上刊发；有近 20 篇获全国、省、市级一、二等奖。作为一名小学数学教师，我从来没有想过自己笨拙的文字会见诸报端，但现在已成事实呈现在我面前。在欣喜之余，我不得不承认，这些"成就"源于读书。通过我的亲身实践和体验，我要告诉大家：一个教师只要肯读书，善读书，加上愿思考，勤思考，他就能从教书匠的行列中走出来，成为一名真正的教师。

做一只年轻的"老"鹰

——读《别做年轻的老教师》有感

《别做年轻的老教师》是管建刚老师在《不做教书匠》一书中的一篇文章。看到这个题目，不禁让我打了个寒战。因为以"年轻的老教师"自居，这已是我几年前就有的想法。说"年轻"，是因为年龄才三十出头，说"老"，是因为已有十几年的教龄。像我这个年龄，早在几年前，各类评比与各类比赛已与我无缘，学校领导培养的重心也聚焦到更年轻的教师身上，因此我的教育人生从此平淡而安逸。就这样，我还自得其乐。很显然，职业倦怠的情绪包裹着我，悄然而至，它无时无刻不困扰着我，让我迷茫、让我消沉。两年前的一次教师业务能力测试，让我感到了危机：当时考试时间是两个半小时（开卷考试），我竟恍恍惚惚、手忙脚乱地没有把试卷做完。可想而知，因为我只顾"享受"一时的"安逸"，而放松了自身的业务学习和"充电"，才遭遇了考场上那种尴尬局面。由此，我也想到了处于"温水危机"的青蛙。虽然我还不似青蛙那样立毙于汤沸，但长此以往，我将永远是一个"教书匠"。

读了管建刚老师的文章，感觉是那么贴切入耳，又那么振奋人心。它如一波涟漪，荡涤明澈着我混沌的心灵；又像一声响鼓，催动我犹豫甚至一度停息的脚步；使我更清醒地认识了自我，明确了自己努力的方向，他的话语无时不在激励我：35岁对教师来说是一个年龄的隘口。这个时候能振奋起来的教师将成为教育的骨干和精英，将把教育人生的旅程书写成辉煌。

老鹰是世界上寿命最长的鸟类，它能活70年左右，而它在35到40岁的阶段必须做出困难却重要的决定。因为在这个阶段，老鹰的爪子开始老化，无法有效地抓住猎物，它的喙变得又长又弯，几乎碰到胸膛；它的羽毛长得很厚，使它飞翔的翅膀变得十分笨重。它只有两种选择：等死或者经过一个十分痛苦的更新过程。在这个十分痛苦的更新过程中，它必须努力地飞到山顶，在悬崖上筑巢，停留在那里 150 天，不得飞翔，先用大喙击打岩石，直到喙完全脱落；然后静静等待新喙长出，用新生的喙把指甲一根一根地拔出来；新指甲长出后，再用它把羽毛一片一片拔掉；5 个月后，等新的羽毛长出，老鹰又能在蓝天里威武地翱翔三四十年。作为 35 岁的我们，何不拿出鹰的勇气来改变自己，把身上的懒惰打个粉碎，再把身上的清闲一片一片拔掉，最后把身上的借口一个一个无情地揭穿，像鹰一样勇敢地翱翔于天空。人定胜天，只要我们的心灵深处升腾起一种教育的精神和力量，我们的教育生命就如同青春一样热血沸腾、轻舞飞扬。

值得庆幸的是，此时的我已完全从职业倦怠的旋涡中走了出来，书香已沐浴了我，包容了我，我的灵魂也在这"润物细无声"的滋养中得到了净化和升华。重新唤醒了自己强劲的前进动力，唤醒生命自觉，创生发展动能，保持昂扬前行的态势。

在周而复始的忙碌中，当一篇篇文章变成铅字陆续在几家省级教育刊物上刊发后，当孩子们在我的课堂上"自由呼吸"时，我感受到了"教师职业内在尊严与欢乐的源泉"，体验到了"做一只年轻的'老'鹰"的价值。

记住孩子的名字

——读《孩子们，你们好》所感（一）

记得在北师大参加东营市首批骨干教师培训时，芦咏莉博士在第一堂课上就给我们所有参加培训的学员提出了一个问题：哪位老师能第一个记住所有学员的名字？当时所有参加培训的老师看了看满教室的九十多名学员，相视一笑，感觉好无奈！是啊，短短十几天的时间怎么能记住这么多人的名字呀。"虽不能至，心向往之"，在以后十几天的学习中，我们每个人都没有忘记芦老师留给我们的"作业"，课间休息时间经常三五成群地凑在一块儿相互介绍一下各自的姓名、来自哪个县区或学校。虽然每个人都在努力，最后我却只记住了大约二分之一人的姓名。大多数老师也和我差不多，没有几个能把所有人的名字记清楚的。但是，令我们惊讶的是，市海河小学的马春霞老师，她记住了所有人的名字。这实在令在场的所有人惊叹！马老师介绍说这是她做老师以来练就的一项基本功，每学期接任一批新孩子，她都会在两三天的时间内记住她所教的（两个班）一百多名同学的姓名。芦博士也强调：记住别人的名字是对别人的尊重，能在短时间内记住每个孩子的名字，这是做一个合格教师的基本要素。

读了《孩子们，你们好》——《通讯相识》一文，进一步让我认识到了"记住孩子的名字"的重要性。阿莫纳什维利在每接手一批新孩子之前，会利用假期时间提前把孩子的人事案卷拿回家，把孩子的照片一张张排列到桌上（照片后面写着孩子的名字），对照人事卷中的资料提前去了解每一个孩子，记住每一个孩子的脸和姓名。在没有见到孩子之前，他已经喜欢上了他的孩子们。看着孩子们的照片他时常在想：多么漂亮的孩子！多么快乐的笑容！你们的笑容使我感到了一种快乐的预兆。你们对自己的老师是这样的慷慨和信任。你们还没有见到过我，可是就已经给我送来了如此迷人的笑容，并以如此信任的眼光注视着我……就这样，他怀着这种欣赏、喜欢的心态把每个孩子的照片翻转若干遍一一核对，一一认识，在没有见到孩子们之前，他已记住了每个孩子的名字，并了解了孩子的性格、特长及爱好。如是这般，当孩子们第一天踏进校门时，老师就一口叫出了他们的名字，孩子会有多高兴！

由此，我也想到了在读中学时，最后一年我们换了一位英语老师。记得当时我的英语成绩非常出色，一直很受前任英语老师器重和欣赏。可是，开学已经几周了，新来的英语老师还记不住我的名字，当我举手回答问题时，老师时常是以"某某的同桌"给我以代称。可以想象，我当时是多么的委屈，心里也很不服气：老师为什么偏偏记不住我的名字？我的英语成绩可是最好的！出于当时的"青春年少"，或者是为了证明自己的"实力"，越是这样，我越是积极回答问题努力表现自己，以引起老师的注意，一天老师终于喊出了我的名字。当时有一种被认可的感激充盈在我心中，犹如老师给了我一个巧妙而有效的赞美。通过我的亲身体验，我感受到，作为老师，记住孩子的名字确实很重要。

美国《优秀教师行为守则》共 26 条，其第一条就是"记住孩子的名字"。记住了孩子的名字，孩子们就会觉得你在乎他、重视他、关心他，这也是一个最单纯、最明显、最重要的促进孩子认真学习、积极进取的好方法。这样他们对你就会有好感，乐意去接近你，与你交往。只有记住孩子的名字，老师才在孩子心目中有地位，孩子才觉得他在老师心中有地位，就会积极配合你的教学，就会尊重你的课堂教学。

要想做一个好老师，就应该从记住孩子的名字开始，也是心灵与心灵交流的开始，更是真正教育的开始。老师们，让我们用心记住每一个孩子的名字吧！

别把孩子的"顽皮"伪装起来

——读《孩子们，你们好》所感（二）

当新闻媒体报道某某学校发生安全事故的时候，所有学校的气氛都显得异常沉重，为了"防患于未然"，领导大会、小会讲安全；班主任更是不敢懈怠，紧锣密鼓地带领孩子制定班规，教导孩子如何在课间保持安静：不能在校园或走廊内乱跑、追逐、嬉戏和打闹，上下楼梯要慢行，以免发生"撞车"事故；另外，课间时间学校还专门安排值班教师进行监督值勤。在这些制度和措施的约束下，孩子们"规矩"了许多，教室、走廊内不见了孩子们嬉戏、打闹的身影。

看到孩子们这么"安分守己"，每天战战兢兢、如履薄冰的我总算可以松口气了。"隆老师真是治班有方啊！"听着同事们啧啧的赞叹，我也曾暗自高兴——沾沾自喜于自己的"苦战"成果。但是当我读了阿莫那什维利《孩子们，你们好！》一书中的文章《课间休息的教育学和儿童的顽皮》后，我对自己的做法提出了疑问：从表面上看，我们班有严格的纪律、班规作为保障，已确立了良好的秩序，每个孩子看起来也是规规矩矩的。但是，在"规矩"的背后，孩子没有找到创造性地使用自己的精力的办法，把自己真实的"顽皮"暂时伪装了起来，使孩子们完全没有了任何使他们饶有兴趣地消耗自己的体力和满足他们的认知渴望的那种可能，并使孩子们完全失去了天真、顽皮的本性。

虽然现在没有出台专门的课间休息的教育学，但是"课间应该是孩子们休息、娱乐、玩耍的自由时刻"，这本应属于孩子自由支配的时间，我们有什么权力横加干涉、限制和束缚，不让孩子们自由活动呢？这未免有点儿太残忍了！这是违背儿童教育学、心理学规律的。

"顽皮是儿童的天性"，在一些制度的约束下，表面看起来学校的秩序井然，但孩子们爱玩的天性却被压制了。"没有儿童的顽皮，没有顽皮的儿童，就不能建立真正的教育学"，"顽皮是儿童的可贵品质，需要的仅仅是加以引导"。因此，我们教师要做的不是去压制顽皮，而是去改造它。

怎样做才能使儿童的顽皮得到改造呢？为解决这一问题，我开始研究阿莫那什维利在书中谈到的做法：比如组织孩子们跳绳，随意涂鸦（其一是在一张白纸上写着"请画下你想画的一切"，其二是在黑板上画画），读成语、单词、绕口令、谜语和数字，设置图书角、游戏角，随意翻阅图书或下棋等活动。所有这些教具都设置在与儿童身高相适应的地方，让他们很方便地看、读、画和玩；另外，他还举行了射箭比赛，在另一面墙上安上了运动梯墙，在地上铺上运动垫子。在那里，孩子们感觉乐趣无穷……

看来，为了理解改造儿童的顽皮的教育学，教师自己先得学会顽皮。于是，我开始在班里尝试这一做法。首先把图书角充分利用起来，可以让孩子们自由地阅读；另外，在走廊的宣传栏上，我也贴上了图画纸，可以让孩子们把自己想象的东西画下来；还有，我让孩子自带了跳绳、毽子、篮球、足球等运动器械，课间可以自由运动……自此以后，课间时间我们班的孩子不再是那么"呆头呆脑"、无所事事，而是完全投入自己喜好的游戏或活动中。教室里、走廊里、操场上，我又听到孩子们的叽叽喳喳声了，这应该是校园里最美妙、最和谐的旋律。

儿童是活泼好动的人，是渴望改造的积极幻想家。我们应该为孩子创造一个实现他们渴望的、有组织的课间休息的时间和空间。在这样的环境中，没有用手指指着的威吓，没有对调皮捣蛋的后果的警告，也没有道德说教，有的仅仅是对他们活动的有效组织和引导。只有这样，孩子的身心才能得到真正的放松与舒展，孩子原本天真、顽皮的本性才能得到真正的释放与展现。这样的课间休息真正实现了"以人为本"，促进孩子更加活泼健康、快乐地成长。

巧法甚于蛮力

——《班主任兵法2》读书感悟

背书这件很小的事情当中蕴含着丰富的人生道理，它是朗朗乾坤的一个缩影，也是漫漫人生的一个投射。《班主任兵法2》即是一本记述万玮老师与他的孩子一起探索背书之道的励志书，同时也是研究班主任带班之道的"新兵法"。是继第一部《班主任兵法》之后的实践篇，被誉为《班主任兵法》的姊妹篇。

"在紧张漫长的四年初中生活即将结束之时，在如同紧箍咒一般的中考压力突然消失之后，孩子竟然还能够安静地坐在教室里，全身心地投入读书、学习、讨论、竞赛之中，并且不断地超越自我，挑战极限，他们是怎么做到的？"就是本书前言中的这段话，吊起了我的"胃口"，让我欲罢不能，欲一睹为快。

一切源自正确的方法。万玮老师采用了什么方法"驯服"这些亟待脱缰的"小牛犊"？怎样收回孩子的心，带好这个集训班的？

和孩子一起背书，是他的杀手锏

无论是家长还是老师，在教育孩子的过程中，常常过多沉浸在自己的世界里，而根本忽视了孩子的感受。那么我们怎样才能走进孩子的世界，感受与聆听孩子的心声？一个不识字的老农的教子之道给万玮老师以启示：以前有一个不识字的农民，培养出两个名牌大学的硕士研究生，有记者采访他，问他用的是什么方法。老农说，很简单，两个孩子从读书开始，每天晚上回到家里，我就让他们把白天听的课对我讲一遍，如果我听懂了，说明孩子真的学会了。就这样，一直到他们考入城里的高中为止。

老农用听孩子讲课的方法，真正实现了"进入孩子的世界，和他们一起成长"的目标。受这个故事的启发，万玮老师有了"和孩子一起背书"的想法。与孩子一起背书，是他的杀手锏。一方面，老师的参与使孩子对背书产生了兴趣；另一方面，老师参与其中，可以进一步体察学生的情况，了解其中甘苦，便于及时做出调整；同时，老师的参与也对孩子产生了一种真真切切的压力。和孩子一起背书，也使他真实地感受到了孩子成长过程的艰辛，能站在孩子的角度思考问题，使其真正走进孩子的世界，和孩子一起成长。

日记是一个"利器"

孩子在一个月的生活中会产生一系列的问题，有些问题老师能预料到，有些则很可能是意料之外的。怎样才能及时了解孩子的心理动态，进行沟通与交流，或给予鼓励、表扬和关注？万玮老师重拾起他当班主任惯用的"利器"——坚持让孩子每天写一篇日记。日记中的有些孩子与日常表现是一致的，有些则大相径庭。特别是那些平时不声不响的孩子，他们常常会被老师忽略，但是在日记中，他们表现得有血有肉，有思想，有情感。因此，为了及时了解孩子，真正走进孩子的内心世界，万玮老师坚持做到每天及时给孩子批阅日记，与他们进行零距离对话。在每一名孩子的日记本上，留下了他行走的"足迹"。他把孩子的日记本当成与孩子交流思想的平台，有些想跟孩子说但没有时间和机会说的话，他都会以评语的方式写在孩子的日记本上，以此来弥补日常教育工作的不足。

这项工作耗费了万玮老师很大的时间和精力，但是再苦再累，他一直坚持。有时为了能及时给孩子批阅日记，他常常是"日夜兼程"，造成睡眠严重不足，五天的工作日所缺的觉，往往要利用星期天时间进行"大补"。只有这样，他才能调整过来，进行下一周的正常工作，要不他也吃不消。有失即有得！正是因为他高效且有价值的付出，才会使他及时了解了每一位孩子的思想，使他真正走进了孩子的心灵，同时也使他的工作有的放矢，卓有成效。

做任何事情都一定要注意方法，班主任工作更是如此。万玮老师之所以在短短28天的时间里，能让集训班的孩子接受他、喜欢他、尊重他、爱戴他，最后到让孩子服他，关键一点就是他在教育孩子的时候，充分彰显其教育智慧，能抓住问题的要害，巧干而不蛮干。因此说，"巧法甚于蛮力"是一条颠扑不破的真理，在以后的教育工作中，我们也要讲究方式方法，带着思考、研究的眼光上路，学会巧干，而不是蛮干，这样才会收到事半功倍之效，使自己的工作日趋完善，日臻完美。

让每个孩子都成为好孩子

——读《我要做个好孩子》有感

"过街老鼠，人人喊打"，这句话足以道出人们对老鼠的痛恨和厌恶。然而，《我要做个好孩子》一书中的主人公——金玲，在《猫和老鼠，你喜欢哪个》一文中，她竟然回答："我喜欢老鼠。"这不仅令其妈妈感到惊愕，也令作为读者的我备感不解。而金玲却振振有词："猫和老鼠在大自然中应该是平等的，每一个生命，无论它多么弱小，总有生存的权利……老鼠太可怜了，没有人喜欢的动物活得太委屈了！""我就是可怜的老鼠，我们班的好孩子……就是讨人喜欢的猫！"

一席话，道出了一个被排斥于"好孩子"之外的 11 岁孩子的那种铭心刻骨的哀伤幽怨，构成了对成年人的震撼！同时也控诉了当今教育人为地制造孩子之间不平等的"罪行"：不仅违背了现代教育理念中的"以人为本、注重每个孩子的发展及对所有孩子公平教育"的原则，而且使孩子受教育权得到了不平等的对待。

作者笔下的金玲是一个乐天派，整天大大咧咧、不拘小节，可学习上却只能是"比上不足，比下有余"的中等生，颇具文学才华、数学成绩却非常糟糕，潜力大、资质佳却未能得到发挥，因此她始终被排斥于"好孩子"的行列之外，一不小心，还很有可能掉进"差生"的泥坑。

正是因为处于这种困境，多年来她一直过着不被重视、不被称赞、没人喜欢的平淡无奇的生活，致使她面临着不能升入重点中学的危机。她天天战战兢兢、如履薄冰。可见，孩子心里肯定有很多很多的委屈：在同学中没有威信、得不到老师的信任、家长的支持……由此可以想象，她的心灵受到了多大的伤害！

其实，在"垫子事件"后，金玲就在心灵深处萌生过"想做一个好孩子"的强烈愿望，为此她也努力过，却因种种原因，未能如愿。表面上，她把自己深深地掩盖起来，但是，其内心是多么盼望得到老师和家长的宠爱和赞赏呀。"我要做个好孩子"，这句发自孩子心灵深处的最强音，交织着孩子渴望得到肯定又害怕得不到肯定的两种矛盾心态，冲击着关于好孩子的片面理解。幸运的是，在《老师病了》一文中，金玲终于得到了班主任刑老师的认可，她打破了固有的观点，还金玲一个"公道"："你已经是个好孩子了，能写出这么好的文章，凭什么说你不是好孩子呢？好孩子的内涵太丰富，它所有的光圈不全是由100分组成的。"

是啊，"好孩子"的内涵太丰富了，我们怎能仅以分数这一标尺去衡量孩子的好坏呢？可现实生活中，每一个学校、每一个班级又有多少和金玲有着相同命运的孩子！他们也经历着和金玲一样的困境，忍受着和金玲一样的委屈，承受着和金玲一样的压力，承载着和金玲一样的美好愿望……但不同的是，还有很多像金玲一样的孩子一直得不到老师的认可，不能挤入"好孩子"的行列。

每一个孩子心灵深处都有一种强烈的"想做一个好孩子"的美好愿望和心理需求，作为教师的我们，应为孩子创造多种多样的展现各种智能的情境，给每个孩子以多样化的选择，激发每个孩子的潜在智能，充分发展他们的个性；应该为具有不同智能潜力的孩子提供适合他们发展的不同的教育，促使每一个孩子全面充分地发展，让孩子找到真正成为一名好孩子的感觉，体验到做一名好孩子的幸福与快乐。这样，只要为他们提供了适宜的教育，每个孩子都能成为好孩子。

有效的教学，智慧的课堂

——读《有效教学十讲》

　　每每读到一本好书，总会与作者的思想产生共鸣。最主要的原因是在书中读到了自己或者是自己心有余而力不足——无法用准确的语言表达的思想。读余文森教授的《有效教学十讲》，同样找到了这种感觉。教学的有效性究竟指什么？跟随着本书的第一篇文章，我走近了余文森教授。

　　教学的有效性最终要落脚到孩子的学习上：学习速度、学习结果和学习体验。学习结果，从传统的观念去理解，应该就是学业成绩。但是余教授则认为以下两个指标更重要：一是智慧含金量，就是说你成绩的取得是靠时间、记忆、死记硬背、机械操作、复制获得的，还是靠自己的思考、创造性思维获得的。二是学业成绩本身内含的智慧价值。也就是说，试卷里面的题目，是智慧性的题目，还是知识性的题目；是孩子只要凭技能就会解答的问题，还是必须经过创造性的思考才能解决的问题。

　　看到余教授这段文字，我的心头为之一震，这不正是我三十年来课堂上一直追求的教学境界吗？数学是思维的体操，数学教学是训练孩子思维的教学。在我的数学课堂上，我一直把训练孩子的思维作为教学中的重中之重，让孩子在掌握基础知识与基本技能的基础上，特别注重孩子的思维训练。例如在学习了《分数的初步认识》以后，孩子对分数的意义有了正确的认识，能够正确比较分数的大小，并能进行分数的简单计算后，我出示了以下拓展题：把一张纸片对折一次后剪开，每份是这张纸片的（　　　），对折两次、三次呢？对折一次、两次对孩子来说很好理解，在平时的生活经验和实际操作中孩子已明确对折一次是把这张纸片平均分成两份，对折两次是平均分成四份。所以学过分数后能非常轻松地用分数表示其中的一份。但是对折三次的结果就开始有分歧了：有说 1/6 的，有说

1/8 的。这正像余教授在第一章节中所讲到的，这个知识点处于孩子的最近发展区：在刚刚接触这个问题时，孩子不能独立解决，必须在老师的指导下，在同学的合作、帮助下借助直观支撑实际折一折、数一数才能解决这个问题。鉴于此，我把问题放给了孩子："拿出纸片动手折一折，对折三次是把这张纸片平均分成几份，然后再来思考每份是这张纸的几分之几。"（想好后，先和同桌交流一下）当我把问题放手后，通过操作、思考与交流，孩子很快找到了正确答案。这样的教学我是立足于孩子的最近发展区，针对最近发展区的问题来展开的，这样的教学有利于促进孩子的思维与发展。孩子的思维有了长足的进展，我并没有就此满足，而是乘胜追击，又抛出了更深层次的问题：如果对折四次呢？这时聪明的孩子不用操作就能说出正确答案，但还有大部分孩子不能一下想出正确答案。于是我又给孩子留了充分的动手操作与思考、交流的时间，这次孩子很快就找到了答案。我把刚才的分数依次板书到黑板上，并在后面又多写了两个括号，以留给他们更多的思考：1/2、1/4、1/8、1/16、（　　　）、（　　　）。这时孩子的思维又遇到了困难，我引领孩子结合刚才的操作去观察前面几个分数的特点，聪明的孩子眼前一亮，多数孩子还处于混沌状态，我又启发：刚才我们把正方形纸对折一次是平均分成 2 份，两次是 4 份，三次是 8 份，四次是 16 份，如果再对折一次呢？边启发边补充板书：

次数	1	2	3	4	5
份数	2	4	8	16	

　　这时处于孩子最近发展区的问题再次被突破，孩子几乎是欢呼着说出正确答案，并找到了规律。

　　有效教学意味着通过教学使孩子获得发展。以上教学情景在我的课堂上经常再现，这种教学模式，不仅使孩子学会思考，更使孩子的思维更加有深度、广度，使孩子不仅学会解决一个问题，而是找到了解决这类问题的策略与方法，并在这一过程中不断体验到成功的快乐，从而进一步激发孩子学习数学的信心，更加喜欢学习数学，从而在数学上得到长足的发展，这种教学是真正为孩子终身发展而奠基的教学，是真正的有效教学。余文森教授的有效教学理论与我校的智慧课堂的理论不谋而合，是引领孩子飞得更高、走得更远的教学模式。

让数学课堂流光溢彩

——读《用心做教育》有感

在书香校园成长起来的我，涉猎了各类教育书籍，但真正论述一线教师数学课堂教学的书籍却不多。因此，在数学课堂教学改革的行程上，我只能是结合新课程理念在教学实践中"摸着石头过河"，所以总感觉自己的一些想法和做法非常缺乏一线名师的指点、引领与教导，以至于放慢了在课改路上前行的脚步，一再驻足观望，以期待能遇上一位能给我的数学课堂教学和小课题研究真正能指点迷津、指路导航的"知己"或"导师"，来考证我课堂教学改革实践的可行性与科学性。终于有一天，张思明老师的《用心做教育》走进了我的视线。起先我并不知道张思明是何许人也，更不知道他是北师大附中的数学特级教师，只是这本书的名字吸引了我。打开目录的一刹那，我眼前一亮，如获至宝。一个个似曾相识的题目更是扣紧了我的心弦，促使我迫不及待地到书中去探个究竟。于是，我满怀期待、字斟句酌、如饥似渴地研读起来。从《让孩子感受数学之美》《让孩子感受数学鲜活、好玩》《数学课本背后的东西》到《在"微科研"中用数学，学数学》《带孩子到生活中寻找"活的数学"》《数学阅读》……张思明老师的一篇篇文字质朴、语言凝练的文章震撼着我、激励着我、鼓舞着我。犹如一盏明灯，给我迷茫的课改行程指明了前行的方向，坚定了我朝前走下去的信心和决心。

一、让孩子感受数学之美

在多数人的潜意识里，数学是一门枯燥、难学的学科，很难与美"联姻"。然而张老师在做数学教师的日子里，"让孩子感受数学之美"是贯穿他数学教育的一条主线。他坚信：哪里有数学，哪里就有美，就有智慧的火光。

（一）在尝试中感受数学之美

尝试就是教师先不讲，而由孩子依据已有的知识经验和对新问题的理解尝试着自己去解决问题。在这一过程中，孩子得出的结论可能是错误或不全面的，这时，张教师并不是直接指出孩子出现的错误，而是让孩子在相互交流、探讨与质疑中发现错误，自省自悟，从而做出正确的选择。在整个过程中，对孩子们来说，结论已不是最重要的了，更重要的是在孩子们思维碰撞的过程中逐步得出正确答案的过程。在这种教学模式下，孩子们真正经历了知识的形成过程，培养了孩子批判性的思维习惯——不迷信权威、不唯书、不唯上，同时也使孩子真正体味到学习、求知的艰辛与快乐。

（二）在体验中感受数学之美

在传统的数学课堂中，教师往往忽略了学习的体验过程，而是不停地给孩子"讲"数学，不停地带着孩子做训练。孩子在听了大量的讲解、做了大量的习题和训练之后，却变得越来越不喜欢数学了。《数学课程标准》中明确指出：动手实践、自主探索、合作交流是孩子学习数学的重要方式。在张老师的数学课堂上，"让孩子自己来""让体验刻骨铭心"成为他数学教学的主调。在学习过程中孩子既有对错误的体验、对探索和发现的体验，又有自主探索过程中获得成功的体验。在这种真实的体验中让孩子理解知识、发展兴趣，感受到数学的美。

（三）在创造中感受数学之美

数学课是培养孩子创造性的重要舞台，创造对孩子来说，不是追求什么创新成果，而是确立独立思考的习惯，形成创新意识，培植创新精神。"在主动积极的知识探究中，教师的作用是要形成一种使孩子能够独立探究的情境，而不是提供现成的知识"。因此，张老师在他的数学教学中，注重设计问题情境，让孩子自主探索学习过程，在这个过程中，他还注意鼓励孩子发展、验证他们的猜想和结论，而不是急于否定或肯定。张老师这种推迟判断的做法，正好给孩子创造了进一步思考的空间，因为有空间，才有想象力，才可以创造，进而在创造中展现数学的美。

二、让数学回归生活，让孩子感受到数学的鲜活、好玩

2002 年在中国召开的国际数学家大会上，著名数学家陈省身教授为青少年

数学爱好者的题词是"数学好玩"。然而，在现实教学中，有多少教师让孩子感觉到了"数学鲜活""数学好玩"了呢？感受不到数学的鲜活、有趣，孩子自然很难对它产生浓厚的兴趣和探究的欲望。然而张老师"不仅让孩子感受到了数学之美，还让孩子体验到了数学有用、可用、能用，更让孩子感受到数学的鲜活、好玩"。

"数学来源于生活，应用于生活"，只要留心观察就会发现生活中处处有数学问题。正是在这种理念的引领下，张老师鼓励孩子在生活中寻找"活的数学"。这样，自然而然地将数学注入生活内容，让数学贴近生活，让孩子在生活中看到数学、摸到数学，从身边的实际问题中提炼数学问题。随着问题越来越多，孩子逐渐形成了"数学化"的意识，体会到了学"活的数学"的乐趣。

为了进一步让孩子体验到学习数学的乐趣，把数学与生活联系起来，张老师在教学中探索和实践了"微科研"课题实验：在这一过程中，要求孩子不仅要有扎实的数学基本知识和技能，还要具有善于发现问题、提出问题、处理问题的能力，这些正是数学教育所欠缺和期待培养的东西，张老师在这一点上进行了卓有成效的探索和实验，久而久之，主动探索与创新、应用数学去思维的观念和习惯内化为孩子的人格品质，上升为孩子所具有的数学文化素养。

张老师在数学教学实践中的这些做法，也正是我一直努力探索并追求和向往的教育教学境界。因此，当张老师的经典之作呈现在我面前，并根深蒂固地扎根于我的教育思想之时，也正是对我的数学教学真正起到"点化"效应之时。在我原有教学实践的基础上，我将继续朝着这个目标努力：使自己成为"一个内心世界丰富的人，一个富有爱心和教养的人，一个富有想象力和创造力的人，一个能够唤起人们对生活热爱的人，一个能够'学而不厌，诲人不倦'的人"。有了巨大的原动力、内驱力，我将不断超越自己，不断更新自己的知识结构，不断扩展自己的学术视野，不断提升自己的教育能力。真正像张思明老师那样，做一个"用心做教育"的教师，让数学课堂流光溢彩、魅力四射。

读你千遍也不厌倦

——读《基本概念与运算法则
——小学数学教学中的核心问题》有感

　　《基本概念与运算法则——小学数学教学中的核心问题》这本书是我的工作室导师——市教科院郭子平主任向我们推荐的。作为专业的研究人员，郭主任向我们推荐的书肯定是值得我们好好去研读的。但是，初次拿到它，只翻看了一下目录，感觉问题篇"如何认识……""……是什么""为什么……""怎么理解……"这样的问题太直接、太单调，没有激发起我进一步阅读的兴趣；话题篇诸如"公式体系的重要性""欧几里得的《集合原本》""借助算术公理体系解释加法运算"这样的话题又太专业、太深奥，感觉不好理解；案例篇的教学设计和问题篇的问题又有太多重复的内容。总之，初读时对这本书没什么感觉，所以就将其束之高阁了。

　　真正改变我对这本书"第一印象"的是本书的作者史宁中教授。2018年4月，我和工作室的两位成员到长沙参加了人教社组织的"全国小学数学核心素养示范课观摩交流会"，会上有幸听到了国家教材编委会委员史宁中教授做的报告。史宁中教授的报告独树一帜，与其他专家教授的风格截然不同，没有PPT，没有提前准备任何讲课稿，靠的是"一支粉笔一张嘴"，但是只要问题提出来，史教授总能从高深的理论层面高屋建瓴地进行引领后，再抓住问题的本质掷地有声地平稳着陆。这种授课方式，既有理论高度又接地气，将高深的理论和问题落地到小学教师也能听懂的层面去分析。笔者感觉之前那些高不可攀的深奥的理论，经史教授分析后都变得那么简单易懂，而且史教授总能直指问题的本质，让听者"不仅知其然，而且知其所以然"。当我们津津有味地享受史教授的"美味大餐"时，却因时间关系，史教授只谈了四个观点。所有与会老师意犹未尽，深感遗憾时，史教授告诉我们他的这些观点在他所著的《基本概念与运算法则——小学数学教学中的核心问题》这本书中都有，感兴趣的可以回去读一读这本书。

"亲其师，信其道"，听过史教授的报告后对史教授肃然起敬，再去读他的书，感觉就大不一样了。

细读前言才知道，史教授写这本书的目的就是讲述小学数学教学内容的实质，探讨能够实现"四基"的课程目标、适合小孩子认知规律的表达方式和教学方式。为了讲述更加直接，这本书以回答问题的方式来讲述这些内容，并且大部分问题来自数学教育工作者和教学一线的数学教师。"问题篇"主要是希望小学数学教师通过对 30 个问题的理解，把握小学数学的核心，增强数学教学的信心；"话题篇"设置的 30 个话题是对数学知识的拓展以及数学知识产生的背景的介绍，了解这些话题的内容对于数学教学是有益的；"案例篇"的教学设计是东北师范大学马云鹏教授组织一线教师编写的，目的是启发教师思考如何把问题篇所涉及的内容落实到具体的教学活动中。这样看来，我对这本书目录的第一感觉就找到了答案。

暑假期间，在区教研室王延林主任的引领下，笔者和"啃书群"的老师们共同度过了 20 天艰辛而充实的读书生活，记录的读书笔记密密麻麻，圈圈点点、勾勾画画的字里行间，无不带着笔者对书中内容的思考、疑惑或肯定。在读的过程中笔者发现，书中虽然分"问题篇""话题篇""案例篇"三部分，但是三部分内容之间很多都是相关的，比如在"问题篇"的问题 4"如何认识自然数？"中谈到"凡是不能用于建构分类标准的性质都不是重要的"这一观点时，文中会提示"参见'话题篇'中的话题 10"，这样我们在读这本书时就不是按页码先后顺序来读就可以的，而是要跳跃式地去读，当在"问题篇"遇到这样的参见"话题篇"话题几的提示，就要跳到"话题篇"去读，这样对问题的理解才会更深刻。

开学后笔者又组织工作室成员进行共读、共研、共交流，各工作坊组织坊内读书交流 7 次，坊内交流有笔记、有读书交流掠影、有美篇宣传。在各工作坊读书交流的基础上，又找出共性问题，每个工作坊推荐一位成员参与室内交流，在室内交流时工作室所有成员积极参与，发言老师认真准备，有 PPT，有交流稿，并结合课堂实例，做到了理论与实践结合。读中思、思中做，以真正达到将书中学到的理论指导自己的教育教学实践的目的。

"书读百遍，其义自见"。通过两次系统的阅读，笔者对书中提到的小学数学的一些基本概念与运算法则有了更深刻的、真正意义上的理解和把握。比如：对"数"与"数量"的本质以及它们之间的区别有了更清晰的了解。数是对数量的抽象，因此认识数，首先要认识数量。数量是对现实生活中事物量的抽象，数量是有实际背景的、关于量的多少的表达。数量之间最基本的关系是多与少，数之间最基本的关系是大与小。再如，在问题 9 中："如何解释自然数的加法运算？"书中谈到：在问题 2 中，可以有两种方法认识自然数。与此对应，可以有两种方法解释自然数的加法：一种是基于对应的方法，一种是基于定义的方法。并且史教授谈到：定义的方法过于抽象，采用定义的方法认识自然数是不可取的。但现行教科书以及大多数小学的教学过程中，关于加法的解释却借助了定义的方法。这一观点对笔者这个从事小学数学教学近 30 年的老教师来说，犹如当头一棒，之前从来没有质疑过教科书关于加法运算的教学，读史教授的文章让笔者意识到，史教授的分析确实有道理。用对应的方法解释加法，对孩子来说更好理解。现在我们最大的疑惑是，在以后的教学中，我们是应该顺应教材去教，还是按史教授的方法教？有争议才会有改变，或许以后的教材会根据史教授的观点进行改编，我们这些一线教师也不用这么为难了。就像"解方程"，之前的教科书都是按加减乘法之间的关系去解方程，但到了初中解更复杂的方程时都是用移项的方法，实际就是根据等式的性质来解方程。这样中小学教学方法不一致，对以后学习造成了困难。在上一届的教材改版中，终于将"解方程"这部分内容进行了修改，在小学就开始根据等式的性质来解方程，这样中小学内容衔接就顺畅了。期待加法的运算教学，在以后教材修订中也有所改动。

通过阅读这本书，笔者发现，史宁中教授主编的《基本概念与运算法则——小学数学教学中的核心问题》这本书，对一线小学数学教师的教学有着非常好的指导和应用价值。日常教学中对一些基本概念和运算法则方面的困惑在这本书里都能找到答案，而且对每个问题的分析深入浅出，把握教学内容最基础、最本质的东西。工作室成员在读书交流时反映，通过阅读这本书，老师们对数学内容的理解更深刻了，对教学内容的思考更深入了，对教学方法的探讨更加本质了。这样看来，我们工作室老师的阅读是有效的，通过阅读，基本上达到了史宁中教授所谈到的写作这本书的目的。读过这本书后，笔者还有一个很深的感受，这本书对小学数学老师的价值，就像刚学识字的小孩子学会使用汉语字典，学汉语的人找到了汉英字典，学英文的人找到了英汉词典。有些书，读一遍就不再想读，而有的书"读千遍也不厌倦"，史教授的《基本概念与运算法则——小学数学教学中的核心问题》就是这样一本让你百读不厌的书。所以笔者建议大家把这本书作为工具书来使用，每当在教学上遇到困惑时都可以拿出来翻阅一下，从中找到答案。

学习贵在改变

——《学生第一》读后感

《学生第一》中的每个故事向我们展示的都是十一学校在学生、教师及管理层面的一些有创意和智慧的活动，诠释着李希贵校长"学生第一"的教育思想。这是一所真正属于孩子们的学校！

由此我想到了我们学校也有着和书中十一学校一样的办学理念，我们学校提出的"智慧教育"也是本着学生第一的原则，以"培养秀外慧中的智慧儿童"为目标，先后开设了"晨诵课程""书香课程""情智课程""社团课程""仪式课程"等等，在每一项课程中，同学们尽情地发挥着自己的聪明才智，既增长了见识，又培养了能力，让同学们在快乐中成长，在实践中提高。

我们经常强调让学生成为课堂的主人，事实上，学生不只是课堂的主人，也是学校的主人。所以我们无论举办什么样的校园活动，都是以学生为中心的，真正体现了"学生第一"的办学理念。上学期评选的"卫生之星""礼貌之星""守纪之星""礼仪之星"，以及本学期要评选的"走路之星""作业之星"，每一项精心设计的活动，都是为了让孩子们主动参与其中，为孩子们提供展示自己的舞台，让每一个孩子都站在舞台的第一排，看到孩子们那张张笑脸，收获成功后的喜悦，我们感受到了孩子在一小校园里学习生活的快乐。我们相信只要我们每位教师都树立孩子第一的思想，一小这块沃土会成为孩子们放飞理想、追逐幸福的起点。

学习贵在改变！我认为，作为一名班主任，践行"学生第一"的理念，重要的是要努力创造一个真正属于孩子们的班级，给他们搭建舞台，提供空间，创造条件，让孩子感受到自己真正是班级的主人。

在我的日常班级管理工作中，虽然面对的是一年级的孩子，但我逐步放手，把孩子推到台前：每天的晨诵课上由孩子轮流领诵，老师只是旁观者与引导者；在每天的卫生清扫工作中，我让每个孩子参与其中，让孩子认识到保持好教室卫生是每一个孩子的责任和义务；从去年下半年，我班开始实行了班长负责制，给每个孩子一个岗位，让每一个孩子都参与到班级管理中来，真正培养了孩子的主人翁意识。另外，我还积极创造条件，组织孩子参加学校组织的各种活动：武术操比赛、跳绳比赛、拔河比赛，这些活动每一项都是人人参与。比赛虽然只是形式，但更重要的是孩子在活动中感受到自己存在的价值和意义，增强班级的凝聚力和集体荣誉感。2013年的元旦晚会：班级小主持人，节目统计与组织，完全由孩子独立完成，第一次组织这样的活动，孩子虽然没有经验，也存在很多瑕疵，但通过活动，真正锻炼了孩子的组织能力、交往能力及舞台表演能力。今年的雷锋学习月，在让孩子查阅雷锋资料、了解雷锋精神的同时，我们班还举行了"做雷锋式好少年"的演讲比赛，并和同年级其他班级的孩子一起参加社会实践——到学校操场、花池、停车场捡拾垃圾。这样孩子就不会把"学习雷锋"只是挂在口头上，而是落实到实际行动中，使孩子进一步体会"学雷锋，做好事"的价值和意义。

作为一名教师，我们只有从小事做起，在每一项活动中，时时处处把学生的发展放在第一位，让每一个孩子都能在活动中找到自己的位置，得到锻炼，展示成长的精彩，才会真正实现"学生第一"！

《孩子们，你们好》读书手记及反思选登

"我们究竟谁对？"
——《孩子们，你们好》读书手记（一）

1.在第一堂数学课上，教师通常都会向孩子们说，他们开始学习计算了，要学习加法和减法，乘法和除法。他们认为，这样解释数学这门课程，是容易理解的。但是我们要知道，加法和减法，乘法和除法，这不是数学的本质所在。——26、27 页

【思考】在我们的潜意识里，计算——加减乘除，这应该就是数学。而阿莫纳什维利认为，真正的数学，是关于数的相关和空间形式的科学。一年级刚开学，他就带领孩子们领略了深奥的数学：牛顿公式、导数函数公式，并展示了带有函数图像的笛卡尔坐标系。正因为此明智之举，才把孩子带进了真正的数学宫殿，让孩子感受到了数学之美。激发了孩子的好奇心，让孩子有了进一步学好数学、探究数学的愿望。这是我们没有想到，也没有做到的，也应该是我们需要学习的策略方法之一。

2.我走遍了整个教室，与孩子们悄悄说话。——28 页

【思考】孩子的表现欲很强，都想有表现的机会。但是在大班教学模式下，一个问题我们只能叫一名或几名孩子来回答，多数孩子只能是"看客"。这样长期下去，将打消孩子的积极性，他们将不再愿意举手回答问题，也不会那么集中精力去听课。如何解决这一问题，也曾是我们思考过的问题。阿莫纳什维利的这一做法，就让每个孩子都有了与老师交流的机会。但是，对于小班化这一办法可行，但对于一个有五六十名甚至七八十名孩子的班级，也是不可行的，小组交流

也未尝不是一种补偿的办法。

另外，阿莫纳什维利在和孩子们做练习的时候，故意把答案一次次地说错，从而给更多孩子表现的机会，让更多的孩子更加集中精力去改正其错误。这对低年级的孩子来说，应该很适合其年龄特征。他们认为能给老师纠正错误，应该是很荣幸的。同时他也以这种方式提醒孩子们听课要认真，要时刻注意观察，否则，一不留神，就会中了老师的"圈套"。

体贴入微地爱护儿童的心灵
——《孩子们，你们好》读书手记（二）

1.没有哪一种教学方法，没有哪一个教师，能够在孩子任意增加的班级里获得同样的教育效果。——32页

飞机超载容易发生"空难事故"，教育的"空难现象"即是大班化教学。这已成为教育的最大问题，特别是在城乡一体化的模式下，县一级的学校班额急剧上升。并且出现了教育不均衡现象，因为在县城长大的孩子学前教育较好，而刚从农村来的孩子学前教育相对滞后，这样就使我们的班级不仅班额大，而且两极分化现象相对严重。如何让不同的孩子得到不同的发展，成为摆在我们面前的最大研究课题。

在课堂上要想关注到每一个孩子的学习状况，教师必须有一双"千里眼"，真正做到把80%甚至90%的精力用到孩子身上——而不是用到教材上，只有这样，你才能真正关注到每一个孩子，并根据具体情况做出适时的调整，以尽量达到让所有孩子都能学会的同时，也训练孩子的思维。

2.儿童通常的顽皮就变成了粗暴、肆无忌惮、损坏日用物品的恶劣表现，而不是较好形式的多种多样的活动。——33页

"顽皮是孩子的天性"，但孩子的顽皮与"粗暴""肆无忌惮"不能简单地画等号。同样课堂思维的活跃与单纯的"乱"也不是一回事，思维的活跃是活而

不乱，而单纯的"乱"是指无组织、无纪律的"乱"。我追求的应该是"活而不乱"的数学课堂。

障碍物
——《孩子们，你们好》读书手记（三）

儿童回答教师提问的精确性，主要取决于儿童自己的经验的逻辑性，而不在于事物本身的逻辑性。——37 页

对这一点，我深有体会。毕竟儿童的理解能力与成人及高年级的孩子有很大差异。而刚从五年级重新回到一年级的我，有时会忘记了自己面对的孩子年龄及心理上发生的变化，经常会说出一些对一年级刚入学的孩子来说犹如"天书"般的话语。记得孩子们刚开始学写数字的时候，我要求孩子们在田字格里写数字要占半格，并且要尽量写饱满。哪承想，有的孩子根本不理解"饱满"是什么意思，回去跟家长说："老师说我如果把数字写得再'保温'一点儿就更好了。"后来在班级主题帖看到家长谈起此等趣事，我才意识到和一年级孩子交流要注意用儿童化语言，或是起码能让孩子听懂的语言。因为孩子的生活经验、阅历及词汇量毕竟是有限的。

可是，今天我又犯了重复性的错误：孩子做完练习，我想让孩子们看看《妈妈再爱我一次》这部电影，搜索之后，打开视频让孩子欣赏。但是孩子们并不领情："不是动画片呀？"他们有些失望。"这部电影很感人的。"为了激发孩子看下去的兴趣，我补充道。"'感人'是什么意思？"有一个孩子疑惑地问。我诧异，"感人"什么意思，该怎么给孩子讲清楚？看来数学老师的语言表述能力也很差，总感觉"天下人都知道"的学问还用讲吗。可是我忘记了，我面对的是一年级刚入学不久的儿童，由于他们所处的家庭环境、所受的学前教育及理解能力是不同的，所以他们对问题、词汇的理解能力显然也不一样。我还没有反过神来，一个孩子忙着解释道："'感人'就是很感动。"对这种解释不知那个孩子是

否能理解。这使我再一次认识到使用儿童化语言的重要性。

或许这正如本书的作者——阿莫纳什维利所感悟并遵守的箴言：教师向儿童发问的问题——这不仅是教学法的，而且也是整个教育学的细胞。如果能够把它放在显微镜下仔细观察一下，就可从中认清整个教学过程的方向、师生关系的性质；也可从中认清教师自己，因为问题——这是教师的教育技巧的风格。

80年代的现象
——《孩子们，你们好》读书手记（四）

1. 在一个班级里，儿童的知识水平参差不齐，就会使教师的工作复杂化，因为久已习惯的用从"零"开始进行教学的那种教学方法已经不"灵"了。在这样的情况下，必须改造教学的方法，有时甚至还要用别的教学来取代久已习惯的方法。——41页

通过30年的一线教学实践，我发现一年级儿童学前教育参差不齐的现象越来越明显。那些知识层次相对较高的父母，他们对孩子的学前教育重视程度很高，所以学前教育很超前；而那些没有太高文化层次的父母，则相对来说不太注重孩子的学前教育，还有部分的家长根本没有学前教育这一说。这就使得同在一个班级的孩子，知识层次相差甚远。单从识字量这一点来说，有的孩子已熟练认读两三千字，这样常用字就基本上都认识了，他们完全能自己读一些儿童读物，读一些数学题目要求那就更不在话下了；而有一部分学生认识的字相对较少；还有个别的不认识几个字。这样就给我们的教学带来了很大的难度，这是令现在的一年级老师很头疼的事情。

2. 虽然一年级的儿童能够掌握不少内容很像样的知识，并且也渴望获得更多的知识，但他们并不因此会成为严肃、认真的人。要使"零年级孩子"理解我的指示、禁令和履行义务的号召，是很困难的，他们对学习任务缺乏耐心，不能持久，单调的学习活动极易使他们感到乏味……

一年级的孩子学习的持久性差，这是由孩子的年龄特点决定的。那么根据孩子的年龄特点，如何让课堂吸引住孩子，让孩子把注意力集中到课堂上来，这是摆在一年级教师面前的最大的研究课题。提高课的趣味性，让课堂生动、活泼、有趣应该是吸引孩子的一种好方法；树立榜样，发挥榜样的示范带头作用，也能激发一部分孩子的表现欲望；阿莫纳什维利在本书后面所谈到的"微型课"也是个不错的举措，因为"微型课"时间紧凑，内容丰富，不等孩子感到疲劳，就下课休息了，这样很符合低年级孩子的心理和生理特点，其实我们每节课中的课间休息应该就起到这样一个作用。

有些孩子在学习知识的时候，精力很集中，但一会儿工夫，就钻到桌子下面去了。对这样"见怪不怪"的现象，我们只能进一步确信阿莫纳什维利所说的话：虽然一年级的儿童能够掌握不少内容很像样的知识，并且也渴望获得更多的知识，但他们并不因此就会成为严肃、认真的人。

相互律
——《孩子们，你们好》读书手记（五）

孩子们喜欢学校，喜欢同学，喜欢教师，喜欢学习活动。为什么？是什么力量吸引着他们？

我要请读者相信，在这里存在着一条体现在教育过程中的特殊的客观规律。这条规律我打算称作"相互律"：

但愿教师时时刻刻都急着要走到儿童们中间去，为与他们每一次见面而感到喜悦。这样，儿童们就会每天急着要到学校里来，为与自己老师的每一次见面而感到由衷的喜悦。——49页

"让学校吸引孩子，让孩子喜欢老师"，这是孩子喜欢上学、喜欢学习的首要条件。一直以来，我努力做到——让孩子因为喜欢我从而喜欢我所教的这门学科。这应该就是人们所说的教师的人格魅力吧。

对于刚接手的这一批一年级孩子，他们对学校和老师充满了期待，作为教师，我们有责任让孩子的期待与幻想变成现实，让孩子带着这种美好的愿望开始一段幸福的旅程。因此，从入学的第一天起，我们就为孩子们创设了温馨的环境及问候：写下明亮诗篇的第一行——欢迎每一名一年级新同学。

作为一位母亲，我对每一个孩子传达着一种特殊的母爱：对孩子多了一份宽容与理解，少了一份埋怨与指责；多了一份耐心与细致，少了一份烦躁与粗糙。孩子的向心性特强，你对他态度和蔼，他就特别喜欢接近你，因此，经常有孩子拉着我的手，依偎在我身边，甚至还拦腰抱着我——孩子是那么的愿意亲近我，依恋我。

有一天，一个家长打电话告诉我："孩子说特别喜欢你，也特别喜欢你的课。孩子还说我们老师可好了，每次跟我们说话的时候都是拉着我的手或者抱着我……"孩子的话应该是最真实的，孩子的感觉也应该是最准确的，孩子的感情也应该是最纯真的。只要你对他（她）好，他（她）也会以同样的态度来回报你——这应该就是我向阿莫纳什维利学到的"相互律"。

因此，我们教师时时刻刻都急着要走到儿童们中间去，为与他们每一次见面而感到喜悦。这样，儿童们就会每天急着要到学校里来，为与自己老师的每一次见面而感到由衷的喜悦。

第三章　数学生活与管理育人

教育是一项智慧的工作，它担负着雕琢灵魂的事业，以体力活对待它，是一种亵渎。作为一名有悟性、有智慧的班主任，要想从永无止境的劳役中解放出来，增强班主任工作的科技含量，应该从致力专业发展、转变管理理念、创新管理模式、整合教育资源等方面，努力使自己成长为智慧型班主任，真正享受作为一名智慧型班主任的幸福与快乐。

致力专业发展，谱写智慧人生

在教师专业发展上我坚持"两条腿"走路，即：教师学科专业发展和班主任专业发展同步进行，努力走一条"读书（学习）——实践——反思——写作"的专业成长道路，努力做到：致力专业发展，谱写智慧人生。

1. 读书与学习

当我们做教育觉得吃力时，就该想到有多久没有"充电"了，而不是一味抱怨教育要求那么高、那么多。教师"充电""磨刀"，读书是最好的方式。是老师，就该做个读书人，用诗书气来滋养教师气。

2. 思考与实践

"在阅读中思考，在思考中阅读"，书中的文字，给我以启迪和智慧，让我干涸的心田得以滋润，使我掌握了教育科学、管理科学。"在实践中反思，在反思中实践"，在处理班级事务时，我开始带着研究的眼光看问题，做到了在了解孩子心理特点的基础上去教育孩子，运用科学的管理理论与现代的教育思想创造性地指导班级工作。

3. 反思与写作

如果把教育智慧看成一颗颗珍珠，那么，我应该用自己的笔做串绳，把这些璀璨的珍珠串成高贵典雅的项链。教师的写作是教师在学习和实践之后，对教育的再次表达和反思，它不仅能陶冶教师的师德，而且能增进教师的师能。思想起源于实践，形成于思考。而思考最好的方式就是写作。写作是思想的砥砺石，写作是教师具备思考力的外显性标志。思考固然可以不动笔，但你必须承认，不动笔，不形成文字的思考往往是肤浅的、零碎的、断断续续的、浮光掠影的。在与孩子们的"亲密接触"中，我享受着教育的幸福与快乐，于是有了把这样美好的时刻定格为永恒，把这种幸福感受、感人故事记录下来的愿望。于是我尝试着把教育生活中的所思、所想以教育叙事的形式记录下来。

◆我手写我心◆

2008 年 7 月我送走了"书信班"，9 月份开学又接了新的一年级，与新的"毛毛虫"相遇，开启一段新的旅程。"我手写我心"，我把我和孩子之间原汁原味、点点滴滴的故事，以教育日记的形式记录下来，再次品读时，我惊喜地发现：教育原来有这么令人流连忘返的领域，教育原来可以做得这么有滋有味，这个时候，教育的幸福会自动来到我身边。

学校是一段旅程

2008 年 8 月 31 日　　星期日

今天是 8 月 31 日——孩子们第一天到校的日子，早上，我早早地来到学校。

教学楼前已人头攒动——站了不少家长和孩子，家长们忙着在公告栏前搜寻自己孩子的名字，因为上面是孩子们分班的情况（今年，我校共招收了 7 个班，近 400 名孩子）。孩子们有的在欢快地追捉、嬉戏——这些可能是适应能力比较强的孩子，在很短的时间内他们已熟悉了这儿的环境；有的则表现得很新奇与兴奋，享受着学校带给他们的暖暖的环境与氛围；有的则表现得异常不安，羞涩地拽着家长的衣角，不肯离开家长的视线。看着这些性格各异的孩子，我心中更多了一份沉甸甸的责任。

来到教室，迎接一个个新来的同学，我给他们送上了第一声问候——孩子们，你们好！祝贺你成为一名一年级的小孩子了。孩子们兴奋极了，以不同的方式接受着我的问候与祝福。孩子们先临时找个位子坐下来，不一会儿，多数孩子已找到了以前熟悉的小伙伴（在幼儿园可能是同一个班或是邻居等），在一起有说有笑的。但有一个孩子表现得很异常，哭得像个泪人似的，不肯让妈妈离开。我轻轻地走到她身边，摸着她的头，关切地问："孩子，怎么了？"她泣不成声，"你已经是一年级的小孩子了，更是一个听话、懂事的孩子。"她开始努力克制自己的情绪，我一边帮她擦眼泪，一边鼓励她："哎，这就对了。上学多好呀，不仅可以学到知识，还能认识更多的小朋友和老师。"孩子使劲地点着头，最后终于挣脱开妈妈的手，自己安然地留了下来。

我知道孩子进行过激烈的思想斗争后，把一种美好的期待与愿望寄托在了学校与老师身上。因此说学校是一段旅程，对孩子来说充满了期待与梦想，作为教师，我们有责任让孩子的期待与梦想成为现实，让孩子带着这种美好的愿望开始一段幸福的旅程。

我班的"小豆豆"（一）——初露锋芒
2008 年 9 月 1 日　星期一

开学后的一周内我们主要进行入学教育，今天我和孩子们讨论的主题是"课堂礼仪"，一开始孩子们七嘴八舌地发言，没有一点儿秩序。于是我告诉孩子们："课堂上发言要举手，而且声音要洪亮……"为了让孩子们明白这样做的意义和目的，我进一步追问："谁能说说为什么要这么做吗？"孩子的可塑性很强，当我强调到这一点后，多数孩子举起了小手，我指明几个孩子阐释自己的观点。当我点到第三个同学的时候，有一个小朋友不耐烦了——"讨厌"二字从他嘴中顺口而出。我有些诧异，但我知道"童言无忌"，孩子应该有他自己的想法，于是我走到他身边心平气和地问："为什么说老师讨厌呀？""我举手你为什么不叫我？"他理直气壮。哦，我明白了他的心思。于是我正面引导："那么多同学举手，老师不可能每个同学都叫到，但是你举手老师已经看到了，老师知道你是个积极动脑、认真思考的好孩子了。"他态度有些缓和，很执拗地勉强安定了下来。

我们继续上课，刚过一会儿，他和附近几个同学又争吵起来。我走过去问明原因，原来是这个同学的书包掉到了地上，但他非要他的同桌帮他捡，他的同桌不捡，他就使劲拽同桌的衣服，其他同学看不过去了，都在指责他："你自己弄到地上的，你应该自己捡。""我就不捡！"我看他态度那么强硬，严肃地问："你为什么不自己捡？""他为什么不帮助我？她应该给我捡。"他理直气壮地说。"如果有困难，同学应该帮助你，但是现在你有困难吗？你自己完全能捡起来，为什么要别人帮忙呢？""自己的事情应该自己做！"他还是不捡，我开始鼓励、激将，最后他开始用脚去勾书包，我顺势给他找了个台阶："你看，小航自己捡起来了，真厉害！"这招儿还真灵，虽不是很情愿，但他最终还是把书包捡起来了。

我知道，这是一个很有个性、很极端的孩子，在以后的班级工作中，还会遇到类似的事情。我如何处理好这些微妙的关系，将是教育这个孩子成败的关键。

我班的"小豆豆"（二）

2008 年 9 月 3 日　　星期三

小航同学虽然很有个性，很霸道，但他是个很聪明的孩子，学知识学得非常快，《好孩子》这首儿歌他是第一个背诵通过的。而且他对老师有一种特殊的亲近感，下午，我一走进教室，他就跑到我身边，拉着我的手，在我身边转来转去，最后竟然在我手背上亲了一下，才"心满意足"地、恋恋不舍地离开。

这个孩子看来是个感情比较外露的孩子，而且在一个比较宽松的家庭环境中长大，家长的教育方式应该是很民主，但是对孩子行为规范教育以及规则意识教育这一方面相对比较欠缺，在人格成长方面相对滞后。发现孩子的问题后，我决定和家长进行沟通，确定切实可行的教育策略与方案。

今天家长来送孩子的时候，我与他爸爸进行了简短的交流。他爸爸说："我了解孩子的这一情况是在今年的三四月份，幼儿园的老师才告诉我们。从那时起我们就开始努力做孩子的工作，据幼儿园的老师反映，较以前有进步。"根据他的反映，看来这个孩子以前比现在表现得还要霸道。家长表示他也愿意和老师一同对孩子进行正面的引导与教育，使其健康快乐地成长。相信，有家长的支持，我们一定会创造"小豆豆"的奇迹，让"小豆豆"在张扬个性的同时，也懂得遵守规矩。

我班的"小豆豆"（三）——小助手

2008 年 9 月 4 日　　星期四

今天，小航的进步非常大。课堂上，刚从幼儿园踏进小学大门的孩子们坐不住，他们的注意力很难集中起来。当我走进教室的时候，他们仍然不能有秩序地坐好，我站在讲台前很有"兴致"地看着他们，想通过目光的交流让他们安静下来（在高年级我一直沿用这一办法），但是这一招在他们身上失灵了。这时，小航已非常安静地端坐在座位上，静候课的开始。当他看到我观察了好长时间好多孩子还不能安静下来的时候，他有些着急了，替我组织起纪律来：一边看着我，一边大喊"一二三"，有几个同学随声附和："坐端正！"教室里安静了许多。看着小航那认真的样子，我蛮喜欢。他不仅自己能自觉遵守纪律，而且能做老师的小助手了。看来，孩子的可塑性很强，作为教师，只要我们能根据孩子的个性特点，实施行之有效的个性化教育，充分尊重每个孩子的个性特点，相信每个孩子都会如沐春风般健康茁壮地成长。

我期待着"小豆豆"的更大进步。

让我感动的教师节

2008 年 9 月 10 日　　星期三

被人需要是一种幸福，被人惦念、问候更是一种幸福。教师节，对我们来说是一个温馨、温暖的日子，因为这一天我们总能得到孩子及家长的亲切问候。

"一场秋雨一场寒"，今天早上，一场秋雨给我带来了一丝凉意，当我来到教室的时候，孩子们手捧鲜花一拥而上——"隆老师，节日快乐！"一声声问候，顿时把我的心温暖、融化，我被孩子们的真诚所感动，向孩子们表达谢意的同时，我不停地嘱咐孩子们："有你们的问候老师就很幸福、很知足了，以后千万不要再花钱买礼物，如果你们为老师亲手制作一张贺卡，老师会更喜欢。"孩子们天真地问："真的？""当然了！"我坚定地回答，孩子们心领神会地笑了。

整个上午我的手机铃声不断响起，原来都是我今年刚送走的已毕业的孩子家长给我发来的短信，他们真诚的问候和话语更是让我感动：

> 孩子虽然离开了您的身边，但我和她对您的感情和祝福却从未离开您的身边。想想她因为对您的思念，经常泪洒枕边，我在感动之余，也在深深地感谢：感谢您无私的爱，让她在沐浴爱的同时也潜移默化地学会了爱别人。这是她终身受益的财富。值此佳节来临，送上我真诚的祝愿：愿您的爱能遍洒每一亩孩子的心田，您在那里尽情种桃李种春风，同时也收获春华秋实人间情。
>
> ——文嘉妈妈

随后又收到了致远妈妈、小童妈妈、蒋雨、文娜等同学的问候与祝福："隆老师：您好！我是文娜，今天本来要去看您的，结果没去成，很可惜。祝您节日快乐！中秋快乐！天天快乐！""隆老师：我是蒋雨，教师节快乐！"中午打开邮箱，又收到齐蓉发的电子贺卡。虽是简短的几句问候，但那是孩子一份真诚的心，孩子毕业了心还想着老师，这是做教师的最大幸福与乐趣。

晚上 7 点 30 分，我们一年级要召开首次家长会，不到 7 点我就赶到教室，想跟家长们聊一聊孩子的情况。刚到教室，手机铃声响起，原来是我毕业的孩子——泽龙、陈晨、胜男、淑雅，他们白天上课没有时间，所以晚上抽时间来看望我。我急忙赶过去，和他们聊了十几分钟。他们见到我很兴奋，一直和我聊着原来我们五（二）班同学的情况及现在的学习状况。他们还说本来要来的同学还很多，但因为家太远没有来，我急忙阻止他们，以后晚上可不要独自出来，想我了可以给我打电话，发邮件……孩子们和我要说的话好像说不完，但因为家长会马上就要开始，我忍痛割爱，提前和他们说"再见"。

回忆今年的教师节，我的幸福与感动升级，因为我不仅拥有现在的一年级孩子，还拥有我以前教过的孩子。当老师，真是幸福！

我班的"小豆豆"（四）——大手拉小手
2008 年 9 月 11 日   星期四

小航对我有一种特殊的依恋，每次见到我老远就伸出小手，出于母亲般的爱恋我会很自然地"大手拉小手"。

今天，下了课间操后，我和张老师站在教室门口交流孩子们的表现及学习情况，小航又来到我们身边，他拉着我的手很天真地说："一个瘦瘦的老师，一个胖乎乎的老师。""那，哪个老师好看呀？"我故意逗他。"都好看！"他很认真的样子。"真的吗？"我反问。"就是，以前我妈妈不认识你，昨天开完家长会妈妈还说'隆老师很漂亮'！"听后，我和张老师相视而笑。为了见证他的真诚，他还踮起脚摸着我盘起的辫子振振有词地说："你看，你的大辫子就很漂亮，我妈妈也是这样的辫子。"看来，在孩子心目中，他喜欢的每个老师都是最美丽、最漂亮的，就如他心目中的妈妈一样美丽、漂亮。

孩子真是可爱！他们有一颗纯洁无瑕的心，如一株株幼苗般需要呵护与培育。前几天小航还因为我没有叫他回答问题说我"讨厌"，而现在又这么喜欢我，甚至崇拜我。而且在课堂上，他懂得了谦让，每当他举手的时候，我会给他以鼓励的目光或摸摸他的小脑袋，并小声说："你真聪明！老师知道你会了，把机会让给别的同学，好吗？"他会很高兴地点点头。今天当他回答了一次问题再次举手的时候，我以眼神给他以肯定和鼓励，他也心领神会，而且念念有词："要把机会让给别人！"孩子的可塑性很强，只要老师引领到位，孩子就会做到。看到小航的进步与可爱之处，我从心底里喜欢。

有人说，"没有教不好的孩子，只有不会教的老师"，这句话不无道理。

一分钟批评

2008 年 9 月 12 日　　星期五

当教师的有一种同样的感受，星期五的课（特别是下午的课）效果特差。分析原因可能是因为孩子到了周末也有疲劳期吧，一周五天连轴转，对刚开始上一年级的孩子来说可能确实很累，早就盼望着结束一周的课程轻轻松松地玩一下。

这个周五下午第一节是我的数学课，响过第一遍预备铃我就向教室走去。一下楼，我就看见门厅里有不少孩子还在你追我赶，玩得正欢呢，等走近了仔细瞅瞅——不是我们班的，我的心里舒了一口气，但出于教师的职业责任感我还是招呼那些孩子赶快进教室。看来我们班在这一点的教育上还是有成效的，孩子起码知道"铃声响，进课堂"。走进我班教室，眼前的一幕又让我"大跌眼镜"：多数孩子虽然能坐在自己的位置上，但是东倒西歪，很不成样子，甚至还有几个同学在过道里打闹。

孩子毕竟是孩子，我们应该有一颗包容的心来看待这些孩子。对于孩子出现的一些不合常规的做法，我们都应该看成是正常的。之所以还存在问题，只能说明老师的引导还不到位。因此，现在我要做的，是应该让孩子明白"铃声响，进课堂"之后要做的是什么。因此，我暂时把那几个同学留在身边，进行了"一分钟批评"：事先告诉孩子们，当我不能接受他们的行为时，就会批评他们；在事情发生后就立刻批评孩子；具体地指出还做错了什么；我明确地告诉孩子们，他们的行为带给我怎样的感受；沉默几秒钟后，制造出让人非常不舒服的气氛——让孩子们好好体会我此时的感受；等我平静之后，就用肢体语言让孩子知道我始终是原谅、包容他们的。并告诉孩子，虽然他们刚才的行为是不对的，但我觉得他们还是好孩子。

虽然我只用了一分钟来批评孩子，但在这一过程中，我让孩子真正明白了他今天做错了什么事，这样做为什么错，应该怎么做会更好。也就是做到了让孩子不仅知其然，更知其所以然，真正认识到自己的错误，并指出改进的方式、方法和标准等。最为重要的是，在批评的后半分钟里，我让孩子感受到：我是爱他们的，我对他们永远不离不弃。

累，并快乐着

2008 年 9 月 16 日　星期二

中秋放假三天，没承想倒患上了感冒，看来当老师的就是这样的"贱"脾气——闲不住，这不，一闲下来更闲出病来了。不仅是我，而且同办公室的张老师、赵老师，还有年龄最小的王老师，今天身体都不舒服。即使这样，我们没有一个因为身体不适而耽误上课的。这足以看出这个团队的敬业精神，虽然现在我们并不提倡老师为了工作而不顾自己的身体健康状况。但是作为老师来说，我们有一个基本的原则，能不耽误课绝不耽误，这应该就是教师的职业性质所决定的，自己给自己定的最基本的职业道德底线吧。

人们都知道教一年级累，特别是最初几个月，因为孩子年龄小还不懂规矩。现在看来，只能说是事实胜于雄辩，从我们几个一年级老师的身体状况上就能说明这一点。但是，我们感觉——累，并快乐着！因为，一年级的孩子，有着其他高年级孩子所没有的那种童真、可爱。

我班的"小豆豆"（五）——决斗

2008 年 9 月 22 日　　星期一

今天下午，在我的数学课上，小航竟然和后位的一个男孩打了起来。一开始，他是倾斜着身子和后位角逐，这个架势对他来说可能不占优势，最后他居然直接扭过身去，两脚在桌子底下踢打起来。更难理解的是，这愈演愈烈的"战斗"竟然是在我的注视下演变的，就发生在我从黑板走到他们身边的一刹那。可见，孩子"无视"我的存在。我一个箭步过去，进行制止。小航还振振有词："他也打我了。"看来，一个巴掌拍不响，肯定两个人都有责任，只是责任孰轻孰重的问题。为了秉公处理，也是为了让他们认识到问题的严重性，更是给其他同学一个警示。我把他俩叫到了讲台前："你们打架还有理了？是不是想比比谁更厉害？那就来场擂台赛吧，现场比比。"你猜小航怎么说，"真的？"说着就跃跃欲试。看来，孩子就是孩子，还真不能和他认真，他那口气还真把我说的气话当真了。真是让我哭笑不得。自己闯的祸我还得自己收拾，我赶紧改变语气："你说呢？"这次他可能听明白了我的意思，做出了欲言又止的动作。于是我批评了他们几句，让他们回位上坐好。这次，小航没有过激的言辞，只是嘴巴嘟得老高，很不高兴，当我说："这样做就不是好孩子，老师就不喜欢你了"的时候，他眼圈红了，看来他还是很在乎我对他的评价的。看到他这个样子，我又于心不忍——很心疼，于是我赶紧补充："只要改了，还是个好孩子，老师照样喜欢你。"这时，他又破涕为笑，使劲地点了点头，脸上重新露出灿烂的笑。孩子啊，你真是让我恨不得、气不得，只有心疼和宠爱的分儿了。但是，为了能让你更加健康茁壮地成长，必要的批评是难免的。孩子，等你大了就理解了。

妙用智慧果

2008 年 9 月 24 日　　星期三

今天中午放学，小秋颖俯在我耳边疑惑地问："隆老师，今天你怎么不叫我回答问题了？"我看出了孩子的伤心和无助。是啊，秋颖一向是一个回答问题很积极的孩子，而且思维特别活跃，很有独到之处。刚入学的几周，别的孩子思路打不开，不知道如何回答问题，或者跟不上思路，而她总能以超出别的孩子的思维模式并用非常准确的语言表达出来，所以，她课堂上回答问题的次数相对较多。但是，随着时间的推进，我在一点点努力培养孩子们的听课习惯及思考问题的能力，慢慢地更多的孩子知道了怎么来思考、怎么来回答老师的问题，现在像秋颖这样的孩子越来越多，我关注的重点转移到那些学习及思考习惯还没有走上正轨的孩子，为的是让全体孩子在最短的时间内尽量步入正轨，养成好的学习习惯及思考习惯。这样有很多高高举手的孩子却没有回答问题的机会，这对他们来说无疑是一种打击甚至伤害，他们往往会表现得很失望。如何让这些孩子永远保持积极思考的状态，而不至于让他们失望、打消他们的积极性呢？

对，发挥智慧果的作用。智慧果是我奖励孩子的一种方式，开学初，我在我班的宣传栏上种上了四棵智慧树。这四棵智慧树本来是想激励孩子们习惯养成教育而种植的，以小组为单位，每个小组一棵。哪个小组表现好了，就在那个小组的智慧树上添一颗智慧果——红红的苹果。这确实对孩子的行为习惯有一定的激励作用，课前孩子知道"铃声响，进课堂"后静等老师来上课。既然智慧果有这么大的魅力，我何不拓展它的用途，将这一激励机制拓展到课堂上孩子们的表现上呢。因此，我向孩子们宣布：智慧树上不仅要结红红的苹果，而且还有黄澄澄的鸭梨。老师决定根据你们的表现，课堂上行为习惯达标的就可以奖一个大大的鸭梨，而且鸭梨这个智慧果是流动的，不是终身制。你得到这个智慧果后，如果表现不好了老师还要收回。所以这对孩子有一定的约束力和影响力。

而且对于得到智慧果而且表现很好的孩子，我会告诉他们：智慧果是你们智慧成果的象征，课堂上你的积极表现老师看在眼里，喜在心头，但是为了让更多的孩子得到锻炼，你们应该发扬谦让的精神，把机会让给那些需要帮助的孩子。根据问题的难易程度我会找不同的孩子来回答。不过，只要你会的问题，就一定要举手示意我，跟老师有效地沟通，便于老师掌握每个孩子的学习情况。

鉴于此，我对秋颖说："孩子，老师看到你举手了，你表现非常好，老师心里清楚，老师知道。老师没有叫你回答，是因为老师信任你，想让你把机会让给更多的孩子。只要你表现好，积极思考问题，老师下午就要奖励给你智慧果。得到智慧果的孩子是最棒的！"孩子释然。相信孩子会对下午的数学课怀有一种特殊的期待，我一定不会让孩子失望。好孩子也是需要奖励的，更需要老师随堂的鼓励和表扬：比如一个眼神，一个动作，一个爱抚……

我班的"小豆豆"（六）——两全其美
2008 年 10 月 7 日　　星期二

"小豆豆"每节课课间时间都要跑到办公室来，无所事事地在我周围转来转去，"小航，有事吗？"我故意逗他。他傻傻地笑笑，显然是没什么重要的事情，有时我就让他帮我拿着教科书，我们手拉着手向教室走去。看来，小航对老师有一种特殊的依恋，所以才老往办公室跑。这样长期下去势必会影响他与同学的交往，因为下课的时间他多数是穿梭在教室与办公室之间。每每我让他把作业捎给××同学，他都问一句："××是谁？"看来，他对我们班里的孩子能认识的实在很少，了解那就更少了。怎样才能引导孩子真正走到孩子们中间，同时也能满足他能每天到办公室的愿望呢？仔细想过后，我想出了一个两全其美的好办法，在今天的数学课上，我宣布让小航担任他们组的数学小组长，当时我注意观察了一下小航，他脸上露出了灿烂的笑容，这笑容里写满了自信、自豪与自得。其实，小家伙哪里知道，老师还有另外的"目的"与"企图"：这样他就可以每天去办公室交作业、搬作业，以满足他想见老师的愿望。同时我也跟他约定：除去搬作业、交作业，其他时间不准随便到办公室来。这样岂不两全其美、一举两得。

教育是一件非常细致又非常复杂的工作，作为教师，我们要有一双善于观察的眼睛，能及时发现孩子的问题并做出准确的判断，然后找到解决问题的最好办法，使孩子更加健康茁壮地成长。只有这样，我们才真正做到了以人为本，才真正做到了人文教育、人文管理。

论坛发帖

2008 年 10 月 7 日　　星期二

因为国庆节前数学课本刚发到孩子手中，所以本周主要对以前所学内容进行复习，同时将课本中的习题进一步深化并在课堂由老师带着孩子一起完成，以教给孩子做题及思考问题的方法。

通过两天的练习，我发现了孩子之间的差异越来越大，识字量比较大的孩子能自己阅读题目并领会题目意思，而阅读量少的孩子就连最基本的"多少、高矮、长短"等字都不认识（当然，这样的是极少数），这样就给我们的教学带来了更大的难度，也使这极少数孩子越发感觉吃力。

因此，对一年级的孩子来说，识字量及阅读能力将会直接影响孩子对问题的理解能力，在这里请那些基础比较差的孩子的家长要多关注一下孩子的学习情况。其实，我在这儿发表这些言论，那些家长是看不到的，因为他们对孩子的学习不是很关注，就更难让他们来这儿与老师交流了。在这里，我只是希望，我们班那些真正关心孩子的家长能像你们这些进入论坛的家长一样，每天多陪陪孩子，每晚看看孩子的数学课本（现在课本上有孩子在学校做过的题目，已经批阅过的），从中进一步了解孩子对知识的掌握情况。更希望你们能一如既往地和我、和张老师一道把我们的孩子教育得更加优秀，同时引领更多的家长加入到我们这个队伍中来。

最后，我以在《朗读手册》上摘抄的一段话（有更改）与大家共勉，同时也希望引起我们做家长的思考（包括我在内，因为我也是孩子的家长，我儿子上七年级）：每个父母都爱自己的孩子，关键是父母是否知道哪些是对孩子有好处的。比如说：孩子每天在电视机前开开心心、安安静静就很好呢？还是觉得看电视是有害的，应该每天读书给孩子听更好一些？

1996 年吉姆·崔利斯（本书作者）对加利福尼亚州 2420 名移民儿童所做的一项研究显示：家长的受教育程度越高，孩子集中注意力的时间就越长；孩子的平均分数与家庭作业、看电视、缺课都密切相关。所有这些研究证明，孩子是否有好的学习习惯、长大后是否有成就，关键是看父母或亲戚——在孩子童年时亲近孩子的人——要在正确的时间内做正确的事，不做错误的事。

而对于一年级孩子的家长来说，您现在最应该做的就是多陪陪孩子，让其养成良好的学习习惯、行为习惯和读书习惯。

我班的"小豆豆"（七）——"我俩都不对"

2008 年 10 月 9 日　　星期四

今天中午放学铃声响过，我环顾一周，同办公室的老师只剩下教美术的张老师一人，我想招呼她一起离开。可是眼睛扫过去，一个熟悉的小身影映入我的眼帘。咦，这不是我们班的小航吗？我怕认错了，专程走近了仔细瞅瞅，一点儿没错，正是他。"小航，放学了，怎么还不回家呀？"我边说边走了过去。"她不给我我的宝石了。"他一脸的委屈，这时我才注意到张老师的脸色也有点儿不对劲。看来，这"师徒俩"是闹矛盾了，我不能坐视不管，只有当"和事佬"了。

"张老师为什么拿你的宝石呀？你是不是做错什么事了？"我开始试探着问。"我没有做错事，她拿我的宝石是她不对。"他振振有词。"我拿你的宝石，我不对。那我为什么拿你的宝石呀？你跟隆老师说说。"张老师有点儿耐不住性子了，生气地说。"是呀，张老师为什么拿你宝石呀？"我随声附和。"我上课玩宝石了。"这次小航说话没有了底气。我乘胜追击："你上课玩宝石，是谁不对呀？""我俩都不对！"听小航这么一说，我对他执拗、偏执的认识又加深了一个层次。从开学第一天，我之所以特别关注这个孩子，就是因为他的桀骜不驯、蛮横霸道。经过一个多月的接触，我已琢磨透了他的性情，相对来说，在我面前，他会表现得比较温顺，基本能接受我的观点与教育。因为我是本着对孩子一生负责的态度，不仅要让他认识自己的错误，而且还要让他知道应该怎么做。这次，我这个"和事佬"不能中途退场，要坚持到最后。

看到小航这态度，张老师更生气了："你先走吧，下午叫你家长来拿宝石。"见状，我赶紧圆场："小航，你上课玩东西对不对？""不对。"看来，他对这最基本的课堂纪律没有什么异议。"你上课玩东西，老师给你拿走，应不应该？""应该。"这次他说得很不情愿，说完接着补充了一句："那现在下课了，她也应该还给我了。"小航还是站在自己的立场上，为自己辩解，从对老师的称呼上，他没有摆正他与老师之间的关系。从始至终，他就一直没有称呼张老师为"老师"，而一直是"她怎么样，她怎么样"地称呼。实际上，在他的意识里，他还一直把这件事和平时与小朋友之间的摩擦与矛盾混为一谈，他还根本没有把这件事上升到"课堂上孩子不遵守纪律老师进行正当的惩罚"的层次。因此，我必须让他认识到这一点。

于是我把他拉到身边，语重心长地说："小航，你上课玩东西，老师没收，这是应该的。如果是我，我也会这么做。老师一点儿错误都没有。再说，老师之所以这么做，是为了让你记住这次教训，让你养成良好的听课习惯。其实还是为了你好。当然，老师不会把你的东西占为己有，只要你认识到自己的错误，表现好了，老师还会把东西还给你。"听我说了这么多，小航似懂非懂地点了点头。"那你现在说，老师给你没收了宝石，老师有错吗？""没有。""这件事是谁错了？""我错了。"苦口婆心地解释、劝说，孩子终于明辨了是非，认识到自己的错误。"你看，你刚才惹张老师生气了，现在你该怎么做呀？"为了缓和他们之间的矛盾，我在中间调解。"张老师，对不起！"孩子真诚地向张老师道歉。"好了，没事了。记得以后上课不能再玩东西了。"张老师抚摩着小航的头心平气和地说。随后又把小航心爱的宝石物归原主。

哪承想，小航一拿到宝石，像变了个人似的，抢着宝石边跑边喊："以后再也不给你了！"听到这话，我心塞。苦口婆心的说教，看来并没有真正深入孩子内心，孩子的潜意识里还认为是张老师抢了他的宝石。我压压火，又一次拉起小航的手，心平气和地说："张老师没收你的宝石，并不是抢你的宝石，她只是想让你知道上课玩宝石是不对的，表现好了老师还是要还给你的……”小航再次表示接受，但孩子心里的疙瘩到底有多大，应该还需家长与老师的共同努力才能打开这一心结。下午，我问起张老师此事，张老师说："下午他来找过我了，他跟我说，他妈妈跟他说我是跟他闹着玩的。"我对家长的这一教育方式不是很赞同。如果我是孩子的家长，我应该站在教师的立场上，让孩子知道，上课玩东西就是不对，老师没收是应该的，而不应该蒙混过关，让孩子有这种模棱两可、似是而非的印象，这样长期下去，孩子最终还是"找不着北"。

我决定找个合适的时机跟家长交流交流孩子的教育问题。

孩子喜欢上了我的数学课

2008 年 10 月 13 日　　星期一

在今天的数学课堂上，孩子在做习题，我在行间巡回指导。早做完的孩子争先恐后地让我看他们做得对不对，我对他们给予适时的鼓励：或点头、或微笑、或摸摸他们的小脑袋、或竖起大拇指。得到肯定的孩子笑得很灿烂，表现出心满意足、很有成就感的样子。对那些做题中出现错误的孩子，我及时指出，帮他们分析错误原因，然后再一一订正，一直到全部做对为止（改对了，同样能得到我的鼓励及赞扬）。总之，每节课，我力争让孩子在课堂上轻轻松松完成所学内容，课下从来没有书面作业。我的观点是，只要孩子在课堂上真正掌握了，课下没有必要重复地进行训练。依据课程要求，课下我多数会布置一些动手操作、实地考察、参观之类的实践性作业。但是，在课堂上，必须提高效率，并且对每个孩子掌握知识的情况要做到了如指掌，发现个别问题，当堂进行指导，真正达到"堂堂清"。

可能孩子在我的数学课堂上学得很轻松，而且总能得到老师适当的鼓励或物质奖励（智慧果），因此，他们对我的数学课表现出了浓厚的兴趣。今天，一个孩子走到我面前，仰着小脸告诉我："隆老师，我很喜欢上数学课。"听到孩子说这些，我好欣慰！让孩子因为喜欢我进而喜欢我所教的这门学科，一直是我的追求。的确，在我以前所教过的孩子中，我基本达到了这一目标。并且随着年级的升高，他们会对我的数学课表现出越来越浓厚的兴趣。可是，对于这群"小毛毛虫"，在入学短短一个月多一点儿的时间内，能让孩子真正喜欢上我的数学课，实乃不易！

"兴趣是最好的老师"，如果孩子不喜欢，怎么谈得上学好呢，因此，"让孩子喜欢我的数学课"仍然是我毕生的追求和目标，相信有这一条做屏障，一定会有"小毛毛虫们"在我的数学课堂上自由呼吸的身影。

论坛搬家的开篇之作——牵着蜗牛去散步

2008 年 10 月 17 日　　星期五

偶然一次机会在网上搜索到这样一个小故事——"牵着蜗牛去散步"：上帝给我一个任务，叫我牵一只蜗牛去散步。我不能走得太快，蜗牛已尽力在爬，每次总是挪那么一点点。我催她，我唬她，我责备她，蜗牛用抱歉的眼光看着我，仿佛说："人家已经尽了全力！"我拉她，我扯她，我甚至想踢她，蜗牛受了伤，她流着汗，喘着气，往前爬。真奇怪，为什么上帝叫我牵一只蜗牛去散步？"上帝啊！为什么？"天上一片安静。好吧！松手吧！反正上帝不管了，我还管什么？任蜗牛往前爬，我在后面生闷气。咦？我闻到花香，原来这边有个花园。我感到微风吹来，原来夜里的风这样温柔。慢着！我听到鸟声，我听到虫鸣，我看到满天的星斗多亮丽。咦？以前怎么没有这些体会？我忽然想起来，莫非是我弄错了！原来上帝叫蜗牛牵我去散步。

出于职业的"惯性"，看过这个故事，我突然想到了我和我的"毛毛虫"。有时我们会抱怨孩子如何不学习、不听话，如何调皮捣蛋、惹是生非，如何不听课、不遵守纪律……甚至因此而着急上火。

其实，如果我们改变一下心态，想想这些"小毛毛虫"在我们的悉心教育与指导下一天天都在进步：懂得了基本的行为习惯，"铃声响，进课堂，静等老师来上课"；课堂上小手高高举起，迫不及待地抢着回答问题；课下，热情地围着你问这问那，一声一个"老师"地叫着，听着多舒服呀！

——教师的幸福感就在这"润物细无声"中沁人心脾。

因此，我们没有必要那么"急功近利"，想着让刚入学的孩子在一两天之内就像高年级的孩子那么"井然有序"。我们应该给自己和孩子都留一点儿空间，慢慢地来欣赏一路的风景。如果只顾匆匆赶路，每天都是忙忙碌碌，甚至心烦气躁只想直奔目标，却不知道如何用心去体会"化蛹为蝶"过程中的美丽，那只会失去太多的鲜花美景。

总之，只要你的心态发生了变化——永远保持阳光的心态，你会觉得一切都是那么美好！因此，我每天要怀揣一颗"牵着蜗牛去散步"的心来细细体味"毛毛虫"的成长过程。

我班的小豆豆（八）——第一篇数学日记
2008 年 10 月 20 日　　星期一

上周四至周五，小航病了没有来上学，我把星期天作业发到了我们班的主题帖上，他可能是在网上看到了我布置的作业，居然根据我布置的观察和操作作业完成了一篇数学日记。虽然日记内容多半是用拼音拼写的，但语言的叙述还算完整，基本上说清楚了他在家是怎样和妈妈整理房间的。这么小的孩子，家长就能指导孩子写数学日记，让我对他刮目相看。从而可以看出，家长的教育理念很超前。另外，孩子这种不怕困难，不嫌麻烦，把课堂上所学的语文知识（拼音）和数学知识巧妙结合并灵活运用的做法很值得推广。受小航的启发，我在想，等孩子们学的字稍微多一点儿后，我真的应该试着让孩子写数学日记了。

小原的变化

2008 年 10 月 21 日　　星期二

　　小原是一个地地道道的乡下孩子，刚入学的时候，一口的"鲁西腔"。第一次在课堂上回答问题时，他说的话，我们都听不明白。为了维护孩子的自尊，我把耳朵贴到他嘴边认真听了三四遍勉强听明白了他的意思，然后我再当翻译，把他的意思转述给全班孩子听。当时尽管我在极力维持秩序，但由于他的话让孩子们觉得确实很好笑，结果还是引得孩子们哄堂大笑。本来一年级孩子刚入学纪律就很难组织，再加上他的"外国话"搅得课堂更乱了。但是，作为教师，应该让每一个孩子尽快融入班集体中，成为课堂的小主人。于是，我宣布："孩子们，让我们一起来帮助小原学说普通话，好不好？"孩子们满口答应。以后的几天里，我看到孩子们非常热情地和小原在一起交流。孩子的可塑性很强，一个星期的时间，小原的普通话虽不是很达标，但已经能让我们听得非常清楚了——这是他的进步之一。

　　由于孩子从小在农村长大，因此，他在一些知识学习和掌握上也明显落后于其他在县城长大的孩子。不仅字认得少，而且就连数学上最基本的 0～9 这几个数字的书写，也极不像样，数字小得像小蚂蚁，就更不要说要占左半格了，在他的意识里根本没有在田字格里规范书写的意识，只是觉得能写出来就行了。因此，当我发现了他的问题，对他进行耐心的、手把手的指导的时候，他觉得要在田字格里规范书写那些数字简直是"难于上青天"。但我没有放弃，而是多鼓励、多指导、多帮助，慢慢地，他开始把数字写得大了一点儿。然后又知道要写在田字格的左半格，并且越来越尽量能按规范要求书写了。一个月后，再将他写的数字与以前的对比一下，简直不相信是出自一人之手——这是他的进步之二。

　　说话、写字这两关过了之后，就该改正听课习惯了，起初他也是习惯最差的一个。因为他根本不知道上课要听什么，怎么听，每当我带着孩子们做课本上的习题的时候，他往往是做得一塌糊涂，多数题基本上是空着，或是乱涂乱写一通。看到这种情况，我没有给予他过多的压力，而是多鼓励他，指导他如何去认真听课，养成好的学习习惯和听课习惯，或是对他的作业进行单独的个别指导。在指导期间，我发现这孩子一个最大的优点：单独给他讲的时候，他的理解能力并不差。课堂上之所以做不对，关键是不会听课，这一点增强了我对他的信心。其实现在的一年级孩子差异多数是在习惯上，只要习惯好了，会听课了，多数孩子都能学会。因此说，低年级孩子们之间智力上的差异不明显，关键是习惯上的差异。于是，我又一次给予了他极大的鼓励："小原，老师发现你很聪明，如果上课再认真听课，这些知识对你来说是'小菜一碟'。老师相信，只要努力，你一定能学好的。"之后，课堂上我继续给予他更多的关注，突然间，从上一星期开始，我发现他听课时精力特别投入，举手的次数也越来越多，并且越来越积极踊跃。看来，对这个孩子来说，好习惯已慢慢养成，上周五的作业他的进步也特别明显。在今天的数学课上，他的表现不只是积极、踊跃了，那简直是亢奋，一节课他的小手一直是举得高高的，而且还不停站起来。我给予了充分的肯定与鼓励，整节课，他的表现非常好。当时仅有几个孩子说得比较好，而他就是其中一位。看到他的积极表现，听到他高水平的发言，我为之一震。一个多月的努力，孩子的变化之大，真是让我欣慰。这是孩子的第三大进步。

"每天进步一点点"是我和孩子之间的约定，看到孩子的进步，不仅老师有一种小小的成就感，更关键的是让孩子树立了自信，增强了学习的信心，对学习充满了希望。"没有教不好的孩子"，我再一次相信这句话不无道理。在这一理念的支撑下，我相信每个孩子都是最棒的。

特别的便条

2008 年 10 月 22 日　　星期三

今天的数学课上，我主要是领着孩子们复习 5 以内的加减法，为学习 6～10 各数的认识及加减法做准备。从做题的速度及理解力上可以看出孩子之间的差异存在，但不是很大，最大的差异还是在习惯上。因为有那么几个孩子，我在集体指导的时候，他听得不认真，做题的时候就不知道该如何下手了，结果就落在了"大部队"的后面。还有的个别孩子是因为贪玩，布置完作业之后，他不是麻麻利利快点写作业，而是磨磨蹭蹭先玩一会儿再写。一开始我会悄悄地走过去提醒他一下，后来做得快的孩子已经完成了，我开始给他们批阅，结果就有几个孩子又"钻空子"玩了起来。一节课下来，多数孩子是提早完成了作业，而有的孩子却当堂没有按时完成，甚至有两个孩子在课堂上做得很少。面对这种情况，我陷入了沉思，怎样让这部分孩子跟上来，将是摆在我面前的最大难题。

在没有想出更好的解决办法之前，我采取了以下方式，给这两名家长写了便条：××家长：在今天的数学课上，您的孩子没有按时完成老师布置的作业（或是出错太多），请您在家督促其完成（或指导其改正错误）。

对这一做法，我不知家长是否能认可。我一直坚信：家长永远是教育战线上的同盟军，离开了家长的支持，教师犹如孤军作战，教育效果就可想而知了。但有了家长的支持，将收到事半功倍之效。因此说；学校、家庭都是孩子快乐成长的基地，让我们携手，共同承担起教育孩子的责任。只有这样，我们的孩子才会享受到最好的教育。

家长的电话

2008 年 10 月 22 日   星期三

昨天接到孟伦妈妈的电话，向我了解孩子在校的表现。她说在信中看到孩子的名字在"习惯很好，但回答问题不够积极"之列，她有点儿为孩子的不回答问题而着急了。"孩子在幼儿园的时候也是这样，很遵守纪律，但是回答问题不够积极。我们一直想改变一下孩子的这一状况，也不知从哪里做起。隆老师，我早就听说您是一位很优秀的教师，能不能帮我们想想办法？"听着家长急切的话语，我很理解做家长的心情，因为我也曾是一年级孩子的妈妈。"您不用着急，孩子并不像您想象的那么腼腆，课堂上他也不是一点儿都不举手，只是比起那些很积极的孩子来，不是太善于表现。""我在家经常跟他说，上课一定要认真听，积极举手回答问题，那么多孩子，即使老师没有叫到你，你也要举手，让老师明白你已经会了。"家长如此理解老师并和老师的教育理念如此一致，我很欣慰！"谢谢您对我们工作的理解！的确像您说的那样，很多时候，孩子举手并不一定叫他来回答，但是只要会了就应该积极举手示意我，让我及时了解孩子对知识的掌握情况及理解能力。""性格方面孩子在家表现怎么样？"我进一步追问。"在家还算可以，但是出了门就不行了。显得很腼腆，不主动和别人打招呼。""孩子越是这样，您就越应该多带他到人多的地方去玩，带他经常和邻居或亲戚朋友家的同龄孩子在一起交流。再就是如果孩子见到长辈没有主动打招呼，您最好不要当着孩子的面说他怎么不爱说话之类的话，这样会强化孩子自己不爱说话的认识，对孩子的成长会有负面影响。但您可以在回到家之后，告诉孩子见到长辈或熟悉的小朋友要主动打招呼问好。孩子明白道理之后，下一次出门可能就不一样了。""这一点我做得很不好，当孩子出门不主动打招呼的时候，我老是好当面说他，以后我也要试着改变一下自己。"听着孩子妈妈对自己的教育方式改变得如此之快，我很欣赏！其实不管是老师还是家长，我们的教育方式在很多时候可能是不太适宜的，如果有更好的教育方式我们应该积极吸取与接纳。只有这样，才能让我们在不断学习的过程中找到更好的、更适合孩子的教育方式。

"隆老师，我会在家逐步改变一些教育方式，您在学校也多关注一下他，看他以后有没有进步。""我会的，每个孩子都是老师关注的对象，我会根据孩子的性格特点实施不同的教育。""其实孩子很喜欢跟老师在一起，上周五的阳光体育课上，您与孩子们一起玩投毽子（拿毽子往篮球筐里投），孩子回来可高兴了。把您的动作、投中几个描述得很细致。"听到家长说这些，我才想起了上周五的一幕，当时是孟伦跟另外一个小男孩拿着毽子在玩，我就和他们一起玩了起来。就这么一个小小的举动，在孩子的心目中竟然会产生如此大的影响，会让孩子激动甚至兴奋。看来，作为教师，我应该找更多的时间真正走到孩子们中间，参与他们的活动，与他们一起游戏，一起玩耍，这会让他们觉得老师离他们很近，从而拉近师生之间的距离，增进师生间的感情。这一点我还需努力做得更好。

2 分的精神奖励

2008 年 11 月 7 日   星期五

上午第一节课期中考试，这是孩子们第一次数学测试，作为老师，我也像孩子般急切地想知道考试结果，所以回到办公室马不停蹄地阅卷、划分等级、进行试卷分析，等一切就绪，正好到放学时间。下午第一节是我的数学课，我把卷子发下去，简单分析之后，进行讲评。下课的时候，我正从教室往外走，发觉有人在后面拽我的衣角，我以为是小航呢（小航经常有这样的动作），回头一看，原来是秋颖。"有事吗？"我用探询的目光注视着她。她手拿着刚发的卷子，指着其中一道题给我看，我仔细瞅瞅，没什么问题呀！秋颖见我疑惑不解，忙着向我解释："老师，我不应该得满分，这道题我忘做了，刚补上的。"经她这么一说，我才明白过来。同时我也被孩子的真诚所感动，孩子这么诚实，有着这么美好的心灵，实在是可贵！于是，我当场表态："你是个非常诚实的孩子，老师就把这 2 分奖励给你，不给你扣分了。"

孩子有些疑惑地看看我，不好意思地笑着离开了。

满分对孩子来说应该是很圆满的分数，而一旦丢掉 2 分就意味着与满分无缘，这在孩子眼里，应该是最重要的 2 分。但是，秋颖——一个刚满 6 岁的小女孩，能在无人监督的情况下，抛开一切私心，向老师坦承这无人知晓的秘密，是多么高尚的行为啊！因此，我毫不犹豫地把这 2 分作为最高奖赏奖励给她，这 2 分的价值和意义远远超出了它应有的分值，它代表的是孩子纯真的心灵和至高无上的道德观念。

作为老师，之所以这么做，是希望这 2 分能给孩子以正确的引领，让诚实、善良、美好的种子在孩子的心灵中扎根，开出更加艳丽的花朵，结出累累硕果。

我班的"小豆豆"（九）——课堂因你而精彩

2010 年 11 月 29 日　　星期一

"日有进步，日益优秀"是我校的校训，旨在期盼孩子在学校的每一天都有进步，一天比一天更优秀。我班的孩子自 2008 年 9 月份至今，入学已有两年多的时间，近千个工作日的守候，我亲历了孩子们由毛毛虫日渐蜕变成蝴蝶的过程，其间虽然有辛酸和艰难，但更多的是看到了孩子们的进步，心里真的好欣慰、好感动。

小航可以说是我们学校的"名人"了，不管是同年级的老师还是其他年级的老师，都知道三年级二班有一个特聪明、特好事、又特可爱的小男孩。记得刚入学时，他曾因在课堂上我没有每次都叫他回答问题而大声质问我："为什么不叫我？"也曾因同桌比他写作业快，而强行给同桌擦掉比他多写的部分；犯了错误，老师在批评教育他的时候，他会振振有词："你不能说我不好，不能说不喜欢我！"……他的顽劣与可爱曾让我哭笑不得。现在想想，还如昨日，可现在的小航已不是原来的那个样子了。现在他仍然被教师们所瞩目，但更多的是看重他课堂上的表现。

在《有余数的除法》这次公开课上，当孩子们通过自主探索与学习，理解了除法竖式的算理和各部分的含义后，教师又出示 $23 \div 5$ 这道有余数的除法算式，尝试让孩子自己列竖式计算，在计算过程中遇到困难：五几二十三？师及时提醒摆小棒分分看，通过操作，23 盆花，每 5 盆一组，能分 4 组，还剩 3 盆。那在竖式中该怎么表示呢？师及时点拨，通过努力，生终于明白了有余数除法的算理，小航恍然大悟自言自语："哦，原来是这样！"一语道破了他在课堂上学习新知识由不会到会的过程，真正展现了孩子学习思维的原始状态，可见他在课堂上学得是多么投入，同时学习也给他带来快乐和成就感。

在学习了两位数乘一位数不进位的笔算后，他马上提出很有思考价值的问题：进位的怎么算？我及时鼓励：新航很会思考问题，这就是我们下一步所要解决的问题。顺水推舟，我接着出示了一道需要进位的两位数乘一位数，使课很自然地过渡到下一环节。

每当看到小航的进步，我会情不自禁地想：课堂因你而精彩！

与孩子 PK，需斗智，勿斗勇
2010 年 12 月 27 日　　星期一

上周五是今冬"交九"（也就是人们常说的"一九"）的第三天，确实应验了俗语中的"一九二九不出手"（意思是：一九、二九的天气很冷，以至于不敢露手）。刺骨的西北风呼呼地刮，气温降到了零下 9℃。

下午的最后一节课是阳光体育，课前我们几个老师商定：这么冷的天不适合户外活动，我们就不出去上体育课了。在做这个决定的同时，我们也知道肯定有一定的难度。因为孩子们很期盼每周五的这节阳光体育课，每次都会提前把书包收拾好，等老师布置完作业迫不及待"冲"下楼去玩。如果突然说不上阳光体育课了，从思想上孩子们肯定接受不了。不出所料，当我走到教室的时候，从孩子们灿烂的小脸上我已看出了他们对阳光体育课的期待（好像丝毫没有感觉到天气的寒冷），就等我一声令下"飞"出教室了。

看到此景，我更意识到压力在加剧，但考虑到实际情况，从为孩子着想的角度出发，我还是硬着头皮开腔了："今天外面太冷了，阳光体育课上内堂。""啊？"教室里顿时炸开了锅："为什么？""我们不怕冷"……一声声、一句句抱怨的话接踵而至，看来，迫于天气原因不能上阳光体育课这一现实孩子们根本不接受，更不会考虑老师是为他们的冷暖着想，怕他们冻感冒了。多年的教学经历告诉我，这个时候不能和孩子们闹僵，要斗智，不能斗勇。于是，我深呼吸，调整了一下情绪："老师做这个决定是怕外面太冷，把你们冻感冒了，既然你们不甘心、不领情，那就出去体验一下，试一试，如果觉得确实冷，以后像这样的天咱就在教室里上，如果觉得还能坚持住，愿意在外面，就照常在外面上。""星期一每人交一份反馈报告"，我补充道。孩子们吐吐舌头，三五成群地下楼了。

星期一，我收到孩子们以日记形式写来的反馈报告：

生1：……一下去，妈呀！冷冷的风像一只狞笑的怪兽，冲我迎面扑来。我赶紧用手挡住脸，可风还是吹得我浑身发抖，我快快地跑到操场，刚暖和了一点点，这时，风更大了，操场上传来同学们的惨叫声，我却站在操场中间冻得不知所措了……万幸万幸，下课铃响了，我赶紧去整队，整着队，我心想：这就是不听话的后果呀！

生2：……到了外面，我们才发现，原来刺骨的寒风中真没什么好玩的，还把我们冻得够呛。在放学的路上，我还边走边想，太冷了，真不应该不听老师的话啊。

生3：……在楼下，我们被冻得像兔子一样蹦蹦跳跳。回到家，我心想：老师所做的一切都是为我们好！

生4：……刚下楼觉得不是很冷，可是刚过了一会儿，我就觉得很冷了：鼻子红了，耳朵红了，手指感觉有点儿硬……我很想上去，可是怕同学说我，没敢上去。下课了，我想，我们不该这样做，要是听老师的话在教室里就不会挨冻了。

生5：……下面可真冷，我们个个后悔莫及！

生6：……啊，好冷啊！我只好跑步了。老师真的是为我们好，老师，我爱您！

看着孩子们的肺腑之言，我想如果再有这样恶劣的天气，不用我说，他们也会乖乖自觉地待在教室里了。

新课程理念下，教师虽不再是高高在上的独权主义者，课堂上更多的是追求民主与和谐，但是在很多问题的处理上，由于小孩子年龄小，辨别是非的能力差，你的好心不一定能得到他们的理解。所以，在讲民主的同时更要讲智慧——斗智，而不是斗勇。孩子们的亲身体验，胜过教师的说教。

◆爱与智慧◆

2012 年 9 月，新的学期，我又接手了新的一年级，还当上了班主任。这对我来说，无疑是一种挑战。因为我已经有四年的时间不当班主任了，已经习惯了那种"无官一身轻"的感觉。但是，在很多时候也会有种莫名的失落感。究其原因还是因为不当班主任的日子，时间上是宽松了，不用天天绷着那根弦，也不用时时挂念着班里的事情，同时也缺少了对班里孩子的牵挂。或许正因为不当班主任，对孩子付出的少了，和孩子之间的感情也就淡了好多。正是因为这些才会使我在静下来的时候总感觉心里空落落的。于是，在新的学期，我毅然当起了一年级的班主任。

有人说，一个不当班主任的老师不是一个完整的老师。我非常认同这一观点。当班主任累，特别是一年级的班主任，老师们多数都是从一年级的班主任走过来的，知道其中的滋味。但是一年级的孩子也是最纯真的，和一年级的孩子在一起，让孩子们感受到老师对他们的爱的同时，作为老师我们可以尽情享受孩子们的那份童真与快乐，感受到孩子对我们的依赖、信任。

案例一：大手拉小手

一天中午放学后我正准备回家，走到校门口，发现我们班一个小男孩很无助、很焦急地转来转去。出于老师特别是班主任老师的一种本能，我停下车，打开车窗关切地问："你怎么还没回家？中午谁来接你？"看到我，孩子像找到了救星，急忙跑到我的车窗前告诉我："本来爸爸说好来接我的，可是到现在还没来。"孩子满脸的焦急，眼里已噙满了泪水。"你平时不是去小饭桌吗？今天不去了吗？"我问他。对这个问题他也说不出个所以然来，看来家长和孩子没有沟通好，要么就是爸爸忙于工作忘记了接孩子。（他的爸爸妈妈都在医院上班，自入学以来他的妈妈正好赶上医院派她一直在中心医院进修学习，爸爸在医院工作也特别忙，所以爸爸妈妈都顾不上孩子，中午一直是到小饭桌吃饭。）我把他叫到车上，准备送他到小饭桌，走到文化路正值下班高峰期，车多、人多，路又窄，走了没几步就堵车了。怕他错过小饭桌的吃饭时间，我决定下车带他步行过去。刚下车，还没等我去拉他的手，他的小手很自然地拉起了我的手，而且拉得特别紧，那种感觉就像走失的孩子突然找到了妈妈，好害怕再次走丢。就在那一刻，拉着那个孩子的手，感觉就像拉着儿子小时候的手一样，那么亲近、那么自然、那么温暖……于是我们的手拉得更紧了。也是在那一刻，我感觉到孩子对老师的信任和依赖。作为班主任，我们不仅教给孩子知识，而且还要为孩子搭建健康成长的安全通道。

案例二：宽容是艺术，更是智慧

圣人都会犯错，何况是天真无邪，心智、思想都不成熟的孩子呢？我们小学教师，特别是一年级的老师，每天面对的就是一些天真无邪，心智、思想都不成熟的孩子。面对他们所犯的错误，更多的应该是宽容，因为宽容之中彰显的是大智慧。

有一次我走进教室时，孩子们正在无拘无束地玩耍、游戏，有两个小男孩竟然支起了"黄瓜架"。我没有制止，只是站在一旁观察，其中一个小男孩发现我"无声地教育"后跟另外一个小男孩说了些什么就自觉停止了。这时，第一个发现我的小男孩跑过来，像煞有介事地说："老师，××说你是胖子。""他是怎么说的？"我顺藤摸瓜地问。"我说，隆老师来了。他说：'不就那个胖子吗。'"我有点儿惊愕，现在的孩子也太"没大没小"了，竟然说老师是"胖子"。说实话，当时我真的很生气，但转念一想，童言无忌！童言无忌！孩子太小，或许对问题的理解有偏差，还是冷处理吧。于是我把那个孩子叫过来，问他是不是那样说了，孩子还是蛮诚实的，承认自己是那么说过，但从表情上看，感觉还是很无辜的样子。我没有正面教育他，而是告诉他："回家把你说的话说给家长听，然后问问妈妈这样说老师对不对。"孩子似懂非懂地点点头。我以为他告诉家长后，家长应该能认识到孩子说的话欠妥，肯定会教育孩子，甚至会打电话和老师沟通。可是整个晚上我没有接到家长打来的电话，第二天我问他："跟家长说了吗？""说了。"他有点儿不自然。"你是怎么说的？""我问妈妈，我说老师胖对吗？"我一听，他在转述给家长的时候，意思已经变了。正确的理解，"胖子"和"胖"完全不是一回事，"胖子"是对人的不尊重的称呼，也可以说是绰号，而"胖"只是对人的特征的一种描述。

从孩子的表现看，孩子之所以这样说给家长听有两种可能，一是已经认识到自己说的话对老师是一种不尊重，为了减轻自己的"罪责"，所以轻描淡写地改变了说法；二是孩子可能真的分不清二者的区别，认为这两种说法没什么不同。如果是第一种理解，孩子认识到这样做是不对的，可能对孩子的教育效果有了一定作用，但是如果孩子停留在第二种理解上，那说明孩子还认识不到错误，这件事对他的成长没有起到教育作用，说明他还不能明辨是非。于是我主动和他的家长联系，了解一下孩子回家是怎么和家长说的，家长反馈孩子确实问妈妈："说老师胖对吗？"家长还教育了他，但不知道孩子直接给老师起绰号。很显然从家长的话语里，家长跟我的理解一样：说老师"胖"和说老师是"胖子"不是一个概念，家长也认识到孩子回家轻描淡写地描述以减轻自己过错的真实目的，也意识到孩子不诚实的表现。于是我们又坐在一起和孩子进行了沟通和交流，让孩子认识到不管是对谁，给别人起绰号是不好的行为，特别是起这种揭别人短处的外号更是对人的不尊重、不礼貌，妈妈还告诉她，这么说老师更不对，应该尊重老师。教育不是目的，是手段，目的让孩子知道在日常的交往中应如何与人交流与相处，这是真正对孩子的成长负责，也是作为老师义不容辞的责任。正所谓：教师的职业就是"立德树人"。

对于孩子的错误，不管是大是小，我们每一位老师不能太苛刻，都要有一点儿雅量，有一颗宽容之心，最大限度地宽容孩子。教师能够在非常生气的时候，宽容对待自己的孩子，意味着他的教育思想更加深刻，心胸更加宽阔，情操更加高尚，教育方法更加艺术。但是，宽容并不是无目的的纵容，并非没有界线，而是在严格要求的前提下，对犯错误的孩子理解、尊重，给予充分的反思的时间，给予改过自新的机会，使他们最终改正错误。只有在错误中成长的孩子才能真正体会到成功，对一些小错误，我们要以期待的目光去等待他们的进步，宽容会令你的教育有意想不到的效果！教育无定法，在于你用什么方法与孩子进行心灵的沟通，宽容是一方很好的药剂。有时，宽容所引起的道德震撼比惩罚更为强烈。

我们都知道，作为老师也好，作为班主任也好，最重要的首先要有爱心，但我认为这种爱不是溺爱，而是更为深沉的爱——父母亲的亲昵温存同睿智的严厉和严格要求相结合的那种爱。能把这种爱融会到自己的教育教学中，就是一种教育智慧，这也应该是我们学校以智慧育人的一个朝向吧。

◆有爱也要有兵法◆

在许多优秀教师的事迹材料上，我们见到最多的就是一个"爱"字。作为一名教师，"爱"字当头，"以爱育爱"，这是做教育的根。然而，教师对孩子的爱不是无拘无束的放任自流的肆意泛滥，真正的爱是有规则的自由。"没有堤岸的约束，就不能称其为江河；有了堤岸，江河才能自由地奔腾"。因此，在教育管理中，不仅需要爱，也需要规则，更需要智慧。也就是在教育孩子时讲究策略和方法，教育中的这种策略和方法，也正如带兵打仗要讲究的"兵法"。我认为，在日常的教育教学及育人管理中要做到"有爱，也要有兵法"。

案例一：教育无小事

课堂上，我关注着每一个孩子的精神状态，努力用孩子们能读懂的眼神与孩子进行着心灵的沟通与对话。当我把目光聚焦到他那儿的时候，他一反常态：目光呆滞、无精打采、心不在焉……甚至连我布置的作业他也因走神而没有听清楚；其他同学都写作业了，他却迟迟没有动笔。我以为孩子病了，悄悄地走过去，摸了摸他的头——不发烧！我就更纳闷儿了，连忙问："孩子，你哪里不舒服？"他眼里噙着泪花，强忍着没有流下来，但声音有些哽咽："老师，没事，我只是心里不舒服……"猛然间我才想起，前几天他跟我说过，他的妈妈在新建的信誉商厦招了工，这段时间一直在河北参加培训，这几天应该是他妈妈回家休息的日子。看着孩子忧心忡忡的样子，我猜出了他的心思，于是摸着他的头关切地问："是不是妈妈没有回来？你想妈妈了？"可能是我正猜中了他的心思，孩子的感情再也难以控制，趴在我的怀里失声痛哭起来。他边哭边说："妈妈昨天晚上打电话说要加班，再待五天才回来呢，我很想妈妈……"此时的我，看着眼前这个比我的儿子还要小几岁的可怜的孩子，心头一颤，竟也跟着流起了眼泪。

看着我俩失态的样子，其他孩子有些"丈二和尚摸不着头脑"："老师，××怎么了？"为了不让这个孩子感到尴尬，我灵机一动询问："同学们，你们离开过妈妈吗？"多数孩子举起了手。"在离开妈妈的日子里，你有什么感受？你是怎么做的？"我再次追问。"我很想妈妈！""我还哭了呢！""我想妈妈了就给妈妈打电话，妈妈鼓励我要好好学习。""奶奶告诉我，妈妈离开我是因为工作需要，我应该更加好好表现自己，让妈妈放心。"听着与自己有着同样经历又有着同样感受的小伙伴你一言我一语的发言，××同学脸上露出了被理解和认同的笑容。最后他也起来发言："其实，刚才我是因为想妈妈才哭的。听了同学的发言，我知道我要坚强，更要好好学习。只有这样，妈妈在远方才会放心，才会安心工作……谢谢同学们的理解和鼓励，我会以优异的成绩迎接妈妈的归来。"在大家热情、真诚的掌声中，热情洋溢、鼓励的话语中，××笑了，这个想妈的孩子笑了，他是含着泪笑的。从他的笑容中，我看到了他的可爱与坚强，同时也感受到了他的从容与大方。因为同学的理解和鼓励，因为老师的真情与呵护，他懂得了"孝悌为人之本"，想妈妈也是人之常情，这没有什么好难为情的。同时在这一简短的发言中，多数孩子也懂得了要珍惜父母的付出和爱，要懂得感恩，懂得回报。

通过这次经历，我明白了一个道理："教育无小事！"作为教师，我们要有一颗会爱的心，要有一双善于察言观色的眼睛，更要像一位伟大的心理医生，通过用心观察和诊治，发现孩子的微妙变化并及时给予诊治，化解孩子的心结。一个孩子如果能及时得到老师的鼓励、理解和支持，就会产生一种愉快的情绪。然后由心理上的这种愉悦的心情带动到思想上对积极事物的向往，从而激发他们对学习的热情、对生活的热爱，还有克服困难的勇气和信心。有此信心和理念作为支撑，再加上我的实际行动，相信我的孩子在我的臂膀下会成长得更滋润、更挺拔！

案例二：触及孩子心灵　再现教育神韵

【背景】：开学没几天，我就发现 A 同学有点儿倔强，而且特别在意老师对她的态度。对一些很微妙的细节她都要仔细琢磨老师是否喜欢她：比如一个眼神、一个动作、说话的语气等。十几年的教育实践告诉我：这样的女孩，自尊心强，爱面子，而且情绪化因素占据着她太多的空间。对这样的孩子，如果做教师的能"读"懂她，她各方面会很努力，也很出色。相反，如果你没有揣摩好她的心思，漠视她的存在，她会对你、对你所教的学科很反感，甚至会成为你的敌对面。

后来了解的一些情况，更证实了我判断的准确性。我在一年级教过她的老师那里了解到：去年学校组织体检时，一年级 400 多名孩子都按规定项目参加了检查，唯独她，因为怕疼不验血，不管老师怎么劝说都无济于事。还有一次，她上学迟到了几分钟，妈妈把她送到校门口，不管怎么哄劝，她就是不肯进教室上课。最后，妈妈无奈地把她带回了家。对一个如此任性、娇惯、倔强的孩子，怎样才能让她融入集体，成为一个性格随和、听话懂事的孩子？我应该怎样搜索、捕捉最佳教育时机，让她感受到我对她的关心、对她的爱，以赢得她对我的信任呢？

（一）竞选班干部

开学一个月后，我们班进行了班干部竞选。在这次活动中，她表现得非常踊跃，我也给予她莫大的支持，她如愿以偿当上了语文小组长。因为我知道她特别在意这些，我想给她一个舞台、给她一次机会，来展示她的才能，以激励她各方面进步，同时也能拉近她和老师之间的距离，让她感觉到老师对她的关注和呵护。因为我相信：给孩子一个岗位，就是给孩子一份信任、一份鼓励，给孩子一个自我发展的空间。这对她来说，是莫大的鼓舞。从此她开始严格要求自己，学习的积极性被调动起来，在几次测验中，均得了 100 分。

【反思】每个孩子都有进步的要求。"鼓励"是孩子前进的兴奋剂、加油站。但是往往因为我们最不经意的打击，而抹杀了孩子前进的信心，削弱了孩子前进的意志。尽量给孩子更多的鼓励，善于发现孩子的才能，给予明确、肯定和扶植，也许孩子会创造出连我们自己都无法估量的成绩来。

（二）考试风波

作为语文组长，她的语文成绩连续三次均是 100 分，但是数学成绩几乎是"原地踏步"。对这种状况，我是早有心理准备的。对她这种性格的孩子来说，出现这种反差是正常的，这不存在"偏科"的问题，而是因为"偏激"。

她的数学学习正处于"黎明前的黑暗"时期，我努力寻找恰当的时机，转变她对数学学习的态度。在一次数学测验中，她只考了 87 分，这个成绩对她这个很爱面子的女孩子来说够"残酷"的。第二天我在查阅试卷签名情况时，不出我所料——她的签名是用一张小纸条粘上去的。作为老师，我非常清楚这里面的"小伎俩"。但是我没有做出任何过激的反应，而是与她进行了一次水乳交融式的谈心，让她感受到老师对她的"良苦用心"，使她认识到自己的错误并进行忏悔的同时，对老师还心存感激。因为我没有让第三个人知道这件事，捍卫了她的尊严，这对她来说是老师给予她的最大"恩惠"，也是最好的教育。我抓住了她这一心理，"乘虚而入"，拉近了我们师生之间的距离。让她从心底里对老师心存感激，努力想办法弥补自己的过错。

【反思】每个孩子都是一本书，是一朵需要耐心浇灌的花，是一支需要点燃的火把。他们心理脆弱，情绪易波动，所以，更需要正确的引导和鼓励，以培植起对生活对学习的自信。充满爱的关切会改变一个孩子的行为；反之，哪怕是一次不恰当的批评，也可能会严重地挫伤孩子的自尊。

案例三：孩子犯错之后……

一天下午，我刚到办公室坐定，班长玄某一脚跨了进来，我暗自嘀咕："今天怎么了？平时他很少来办公室汇报工作啊。"这孩子特别成熟，比班里其他孩子大两三岁，所以他的想法是中学一二年级的水平，与现在的五年级小孩子有明显的差别。因此，在一些问题的处理上，我不能用小孩子的眼光看待他，对他一直是像朋友般信任与尊重，即使是犯了错误，我也是很委婉地给他指出，从不正面出击，他倒是也很懂事，只要是知道自己错了，会主动地接受我的建议。在班级管理上，他为我分担了不少工作，使我们班级的各项工作（特别是班级纪律）走在了同年级的前列。但是，整体感觉，他还是那种比较难应对的，所以每次与他谈话我都会非常谨慎。对他今天的突然到来，我在心里做着各种猜测，并想着各种应对措施，以免措手不及。他走到我面前，单刀直入："老师，我今天打宋某了。"我有些惊讶，作为班长，同学们心目中的大哥，他怎么会把同学打了？但转念一想，人非圣贤，孰能无过？既然他能主动来承认就说明他已经认识到自己的错误了，我不应该再深究。于是我马上调整了情绪，非常平和地说："我知道你是不会轻易和同学起冲突的，这次一定有原因，和老师解释一下，好吗？""他和张某打架，我去给他们劝架，他非但不听我劝阻，还出手打了我，于是我就还手了，就这样他一拳我一拳地打起来了，结果他就哭了。"他把事情的经过一五一十地向我描述着。"他为什么会哭？"我反问道，目的是引起他更深层次的自我反省和对该问题的再认识。"因为我出手太重了。"他不好意思地低下了头。"那当然了，你个子高、力气大，他肯定是打不过你啊。不过起初你的动机是好的，你本是想劝架，但最后受不了他的拳头，才动手的。不过，这样之后，你的性质就变了，由善意的劝阻变成了'帮凶'。你认为这件事情有没有更合理的处理方法？""我可能不应该出手打他，而应该多给他讲点道理。"他开始反思自己的行为。"就是啊，拳头并不能解决问题，而是要动脑筋想办法才可以。不过，你能主动向老师来说明情况，单凭这一点就能反映出你很诚实，并且敢于承担责任，通过刚才的谈话，我还看出你已经对问题进行了反思。能做到这些已经说明你对问题有了正确的认识，所以老师就不追究你的责任了，我相信你也知道以后该怎么做。"他挠着头不好意思地说："老师，我知道我做的欠妥，以后我不会这么鲁莽了。"看着孩子远去的背影，我倍感欣慰，因为我又一次做到了心平气和地处理问题，同时我也享受到了心平气和带给我的心神的宁静与平实、内心的从容与淡定。

班长走时，我顺便让他把宋同学叫来，了解一下情况。一会儿，一个长得虽也算壮实但却哭得像泪人似的"小伙子"出现在我面前。他满脸的委屈，早已是泣不成声了。我让他说说事情的经过，他竟哭得连话都说不出："我……我……我……"看他这般状况，我先安抚了几句，等他情绪稳定后，慢慢向我做了汇报。了解情况后，我不仅仅是以老师的身份，还以母亲对儿子般疼惜的心情嘱咐了他几句："作为一个'男子汉'，在以后的生活中，可能还会遇到这种情况，但是你不能再像今天这样——硬碰硬，而是要学会保护自己。自己解决不了的问题，要学会向别人求援，就像今天你应该首先想到找老师帮忙解决问题，而不是靠拳头，知道吗？"我边递给他纸巾，边摸着他的头，一种特有的疼惜感涌上心头，他乖巧地点头应允着。此时，老师的话，对他来说真正变成了母亲对儿子的叮咛与嘱托，他对老师也充满了儿子对母亲般的信任与依赖。（这个孩子在毕业时给我的留言也看出了我们之间如母子般的感情：老师，我一直在您的怀抱里长大。您像一位母亲呵护着我，您又像一位园丁不知疲倦地为我们浇灌……在我的心目中，您是一位非常有责任心的老师。您一直鼓励我们不懂就问，并且您对同学讲题很有耐心。有一次，一道题我连续问了您四次，您都是那么和蔼、那么不厌其烦地一直讲到我明白为止……）

第一节正好是我的课，我安抚好他之后急急忙忙去上课，刚踏进教室，坐在最前排的张同学就在我耳畔低语："老师，我刚才把宋某惹哭了。"他的声音虽然很低，低得可能只有我一人听到，但是我心头的那堵墙在瞬间彻底被夷为平地。本来，我是想等下课后再找他谈的，没想到，他也经过了认真的反思，在进行了激烈的思想斗争后，在我还没有"出手"之前，已经主动向我承认了错误。面对这些虽然调皮，却已经具备了反思意识和反思能力的小孩子，我还有什么理由不原谅他们呢？我们成人都可能犯错误，更何况是刚过十岁的小孩呢。人本来就是在不断地"犯错"与"纠错"中成长起来的，关键是孩子犯了错误之后，能认识到自己的错误，并主动承认错误，这是非常可贵的品质！我们大人又有几个能做到这一点呢。想到此，我装作没在意，大踏步走上讲台。

【反思】通过今天这三个孩子的表现，我惊喜地发现，孩子犯了错误之后，不是隐瞒实情或拒不承认，而是经过激烈的思想斗争和自我反思之后，主动向我承认了错误，这是孩子最大的进步。记得在开学初，有些同学犯了错误之后老是习惯狡辩，有时甚至是与证人对质之后，还抵赖。我及时把我处理问题的原则公布于众：犯了错没有关系，老师允许每个同学犯错误，但是犯了错误之后，你要有勇气承认错误，主动承担错误背后的责任，并主动改正错误，以后仍然是个好孩子。今天，当看到这几个孩子的表现后，我心里非但没有生气，反而想为孩子们的表现鼓掌！因为，这件事情折射出的是孩子们的责任意识、反思意识已逐步形成，诚实、坦诚的品质日趋完美。

◆平等对话◆

　　与孩子平等对话，从理论上讲是成立的，但是在实践中，教师是孩子所敬畏的对象，这种敬畏不是对老师形象的惧怕，而是对教师内涵的敬重。所以，教师虽是与受教育者进行平等对话的民主倡导者，却无法与孩子真正进行平等对话。但是，教师只有与孩子平等对话时，才能春风化雨，走进孩子的心灵，打开他们的心扉，体会孩子的感受，遵循孩子生命发展的规律，踏准孩子生命的节拍，引发出创造的灵感和冲动。

　　案例分享："讨回"的公道

　　"老师，再见！"孩子们甜甜的问候萦绕着我！

　　这是作为教师再熟悉不过的一幕，每天在这种朝迎暮送中享受着教师特有的幸福，为师者的自豪与喜悦在心头荡漾。

　　"老师，给你。"正在自我陶醉之时，一声不和谐的音符传来。我闻声转过头，胜男紧跟在我身后。她面带羞涩，手拿一张叠得方寸大小的纸条。我还没来得及问呢，她已顺手把纸条塞到我手里，一溜烟跑开了。

　　我小心翼翼地打开这"小方块"，几行"刺眼"的字映入眼帘：

　　尊敬的隆老师：

　　　　今天上午的事，我感觉很不公平。我不是因为给我减分而委屈，也

不是因为没有给 A 同学和 B 同学减分而抱不平。或许您真的应该调查
（清楚）真相（再下结论），我要讨回一个公道！

胜男

2008 年 3 月 31 日

　　孩子发自心底的"呐喊"，使我的思绪回到了上午放学前的那一幕：放学铃声响过，我来到教室催孩子们站队。仍有几个孩子在磨磨蹭蹭，"孩子们，来，快点！"我边喊边向教室里张望。扎眼的纸片"占满"了我的视野：胜男的桌椅下面满地都是剪得乱七八糟、形状各异的彩纸（上午最后一节是美术课），桌面上也是乱得"目不忍睹"。"胜男，你过来！""这是怎么回事？我说过你多少次了，怎么还是不改？……"没等她回过神来，我"连珠炮"似的训斥劈头盖脸地向她袭来。"老师，老师……"我没有听她任何解释，就让当天的值日班长给她扣了分。走出教学楼，她又凑到我耳边小声说："老师，其实那些纸不是我剪的，是 A 同学和 B 同学剪的……""那怎么会跑到你那儿去？"（没等她说完，我就打断了她的话。）对她这毫无道理的"狡辩"我不屑一顾。

　　这件事就这样过去了，没想到下午我会有这意外的"收获"。

　　当时对"废纸事件"的处理，我并没有多想，只是感觉她作为一名班干部，一而再、再而三地犯重复性错误（在这之前已经好几次发现她桌子底下有纸了），实在是不应该。我想借此，让她认识到作为班集体的一员，特别是一名班干部的责任。

　　老师的良苦用心应该在孩子的心海中荡起涟漪，但是孩子也应该有她申辩的权利呀。我怎能如此简单、草率地处理这件事情呢？或许，真的是我处理得欠妥？是我错了？是我误会了她？纸片也有可能不是她剪的，但为什么会跑到她那儿去呢？

　　我在反思中做着种种推测。既然在她的"管辖"范围之内，即使不是她的，她也应该有责任去清扫或处理。为此扣了分，孩子为什么会感觉不公呢？这折射出孩子身上缺失的是一种责任感。

· 195 ·

　　责任感是一种优秀的品质，是孩子对自己、对父母、对他人、对集体、对社会的意识和承诺。强烈的责任感是一种态度、一份情怀。多一份责任，就多一份和谐；多一份责任，就多一份感动。长期以来，一个个在家中受几代人宠爱的"小皇帝""小公主"，"衣来伸手，饭来张口""只有接受，没有付出"的生活方式，让我们的孩子不知道什么是责任；社会的浮躁、功利，无形中给孩子编织了一张缺少责任心的网，让我们孩子的责任心还没有形成就一点点被腐蚀掉。因此，作为一名教育者，首先要培养孩子的责任感、责任意识、责任心。要使孩子懂得：不仅自己的事情要自己负责，而且还要看到他对周围的人负有的责任，从而培养出一个个胸怀责任心、责任感强烈的孩子。

　　想到这些，我就思考该怎么办。

　　回到家，我用"心"敲打在键盘上的每一个字符都是我发自"肺腑"、发自心底的声音。

　　胜男：

　　　　收到你的信，老师非常高兴！能把你的"不满"和老师的"不公"勇敢地说出来，这是需要很大勇气的。老师佩服你！"忠言逆耳利于行"，我知道你说的是"忠言"，但老师感觉不"逆耳"。因为你的"忠言"让老师学会了处理问题应该冷静、要善于倾听，让老师感到了"师生之间的平等"，"师生之间的尊重应该是相互的"。

　　　　今天发生的事情，老师的处理方法有些独断，为此，老师要真诚地向你道歉。但你是否想过，老师为什么把责任强加于你？对你的"惩罚"有没有道理？教室内甚至是校园内的每一片废纸，我们都应该弯腰捡起，这应当是我们每一个作为"垦利一小家园"的小主人不可推卸的责任。

　　　　胜男，看到这些，你对"废纸事件"有什么新的认识？

　　　　祝天天开心！

隆老师

2008 年 3 月 31 日

　　童心是最真诚透明的，孩子是世界上最美丽、最可爱的天使。因为，从收到我的回信那刻起，"责任"的花朵已开始在胜男的笑脸上绽放。"为他人多承担一份责任，为社会多贡献一份力量"的意识已在她的心灵深处扎根、发芽。不久的将来，这将内化为她本身的一种品质，一种境界。

转变管理理念，启迪教育智慧

　　教育是一项智慧的工作，它担负着雕琢灵魂的责任，以体力活对待她，是一种亵渎。因此，在教育教学和育人管理中，我时常考虑的是哪些工作可以不做，而不像通常所考虑的哪些工作要去做——这正是教育管理中的"减法与加法"原理。仅仅是思维方式的一个转变，就可以让我从永无止境的劳役中解放出来，大大增强教育管理工作的科技含量。

　　受传统观念的影响，多数小学班主任老师老是感觉孩子年龄小，自我约束与自我管理能力差，所以对孩子不敢放手，对班级采取"全天候"的跟班式管理模式：每天要提前十几分钟（甚至更早）到教室组织课前纪律，盯着孩子扫地，陪着孩子晨读，守着孩子做操，更有甚者课间几分钟也要跑到教室看看孩子有什么"状况"……班主任如此穷于应付，疲于奔波，事必躬亲的精神固然可敬，但对这种做法，我不敢苟同，更不敢效仿。因为这样的班主任管理的班级，表面上看起来班级卫生、纪律、学习各方面，一切秩序井然，其原因是有班主任老师身先士卒的身影，一旦失去班主任老师的率领和守候，紧凑的集体便成了一盘散沙。这样的班级，缺乏自我管理的机制，它的形成、维持与发展都是班主任一手操练指挥，它始终处于班主任威严的注视之中。班主任这种越俎代庖式的管理模式，培养出的孩子将是一批完全没有自理、自立能力的"残疾儿童"。这种教育并不是一种成功的教育。之前一位优秀班主任在报告中曾说过："班主任在，孩子能做好，是一个基本合格的班主任；班主任不在，孩子能做好，是一个优秀的班主任；班主任在，孩子仍不能做好，则是一个失败的班主任。"因此，这种方法对工作缺乏研究与思考，只会蛮干，不会巧干。这种工作方法科技含量太低了。这也正是教育肤浅、教育浮躁、教育缺乏科研支撑的表现。

案例分享：把班级还给孩子

【案例描述】

伴随着清脆的铃声，读诵时间到了。按学校规定，班主任是要跟班的。因为刚分了班，前几次我一直是提前到教室，看看分管读诵的班长组织晨诵的情况。但这一次，我想观察了解一下同学们晨诵的自觉行为，因而故意在教室外停留片刻。站在走廊里，我耳闻目睹了几个班的晨诵状况。

甲班：由于班主任在教室，同学们在铃声还没响之前已经安静下来，铃声响，晨诵就顺利开始了。

乙班：（是我们班）一开始教室里有嘈杂的声音（是课前同学们在有序地交作业），铃声响过，紧跟着是一阵急促的哨声（因为我们的班级离铃声太远，有时听不到铃声，特意准备了一把哨子，用哨声提示同学们上下课的时间），同学们立刻安顿下来，伴着领读同学"请翻到课本第 15 页"的声音，同学们美妙、悦耳的读书声掩盖了其他声音。

丙班：铃声响过，教室里依然一片混乱：下位的、说话的，领读同学站在讲台上干着急，没有任何办法，也没采取任何措施，还时不时地探出小脑袋，似乎在等待"救兵"——班主任老师的到来。

【案例分析】

看到三个班级晨诵的不同表现，我陷入了沉思。甲班表面看起来课堂纪律很好，晨读秩序井然。原因是班主任老师在场，一旦没有了班主任老师的监督，整个班级很可能成为一盘散沙。这样的班级缺乏自我管理机制，良好的秩序是由班主任一手操办的，孩子始终处于班主任威严的注视之中。这样的班主任像保姆，天天陪着孩子学习，守着孩子做操，盯着孩子扫地……这种越俎代庖管理模式下培养的孩子缺少的是自我管理、自我约束的能力。

在我们班，我所采纳的管理理念，借鉴了苏联教育家苏霍姆林斯基和现代教育家李镇西老师的"真正的教育是自我教育"的观点。人们常说：班主任工作是个筐，什么都要往里装。的确，当教师累，当班主任更累。但是，班主任要学会解放自己，摆脱杂事的困扰。我的管理策略如下。

第一，教孩子教育自己

首先，班主任要善于思考、勤于实践、勇于创新，采用一些科学的方法，用教育智慧引领孩子发现自身美好的东西，并自觉地将其巩固、发展，逐步战胜自身缺点，从而培养孩子高度的自觉性、责任感。本学期，我班从外校新转来一名同学。开学第一天，他就把男厕所的门一脚给踹烂了。事后，他主动找我承认了错误。本来损坏公物是应该赔偿的，但我见他承认错误的态度很诚恳，因此非但没让他赔偿，反而表扬他："你今天虽然做错了事，但是能主动承认错误，这说明你是诚实、勇于承担责任的男孩子，鉴于你的表现，赔偿责任予以取消。在以后的日子里，老师希望看到你更大的进步。"听着我的话，孩子脸上流露出掩饰不住的喜悦。我坚信，他一定会给我一份惊喜的。果然，他不再蛮横，学习上也有了进步。为此，我庆幸读懂了李镇西老师说的，"教师的责任在于发现并扶正孩子心灵土壤中的每一株幼苗，让它不断壮大，直至排挤掉缺点和杂草"。

第二，大胆进行民主管理

班主任要分清哪些工作是义不容辞的，哪些是需要自己当参谋、出主意的。若班主任身兼数职，胡子眉毛一把抓，面面俱到、越俎代庖，往往使自己心力交瘁，事倍功半，甚至得不偿失。因此，在开学初，我首先引领孩子自己制定班规，使孩子觉得"这不是老师在约束我们，而是自己对自己的管理"。实施了全员管理办法，让每个孩子都有一份职务，每个孩子都参与班级管理，形成"人人有事干，事事有人干，时时有人干"的班级管理氛围。晨诵也是一样，有一名专门负责晨诵的班长具体负责晨诵、午写的组织和管理，我只是负责督导和安排，有特殊情况需要我处理的我会根据晨诵班长的反馈进行指导和教育。这样，我就不用天天盯着孩子们晨诵和午写了，到时间，班长会自觉主动组织好，这样我就可以轻装上阵，由体力型勤杂工变为科研型教育者了。

【案例反思】

作为一名智慧型班主任，应采用"垂拱而治""不战而屈人之兵"的管理模式，让孩子自己教育自己、自己管理自己，真正将班级还给孩子，让班级充盈孩子们成长的气息，让自己享受孩子们成长的快乐，从而真正享受做班主任的幸福。

因此，作为一名智慧型的教育者，只有经常地进行学习、研究，把工作重心放在研究孩子、研究教育现象，不断地反省自己的思维方式上，才能真正实现由传统教育者向科研型、智慧型管理者过渡。

创新管理模式，彰显教育智慧

班级常规管理是一项整体的育人工程。要把孩子的积极因素调动起来，给每个同学一个岗位，让每个孩子都有服务同学、锻炼自己、表现自己、施展才能的机会，让每个孩子都有机会"上岗施政"，感受到自己的存在和尊严，升腾起小主人的责任感和使命感。

在这种理念的引领下，我大胆改革、创新管理模式。

一、最好的教育是自我教育

苏霍姆林斯基说过："最好的教育是自我教育。"作为一名智慧型班主任，在对孩子进行思想教育活动时，教师不能任自己的情绪随事态的发展而肆意宣泄，而应该适时地控制住自己的情绪，换一种方式，换一个角度，创造更好的教育契机，让孩子进行自我教育。这样既能给孩子留有更多的自我反省、自我教育的时间和空间，又能给自己找一个台阶下，从而收到最好的教育效果，达到最佳教育目的。

【案例分享】

最好的教育是自我教育

今天刚进办公室，小组长就来报告："老师，A同学的作业没做。"我一听头就大了，因为他在三年级时就经常忘记做作业，不过到了四年级有所好转，近段时间表现一直不错。"这孩子，'老毛病'怎么又犯了。"我暗自嘀咕。

一会儿，一个耷拉着脑袋的小家伙出现在我面前。

"为什么没做作业？"我铁青着脸质问。

"我，我做错页数了。"

"那你做成哪儿了？能拿给我看看吗？"

"第一单元。"他顺口而出。

呵，好家伙！骗我也不动脑子，第一单元是前天晚上刚做过的，昨天怎么会做成第一单元。我立刻识破了他的"鬼把戏"。

"打开看看，这一页不是已经做过了吗？怎么会又做了一遍？"我更生气了，声音提高了八度。

他显然意识到了自己的骗术不太高明——露馅了，支支吾吾了半天，只好从实招来："我昨天晚上忘记做哪一页了，所以没做。"

"那你怎么没有打电话问老师或同学？"我反问道。

我火气正旺，但没有忘记暗自提醒自己：遇事要冷静，要心平气和，于是我努力克制自己，控制住情绪。"自己好好想想，你这次犯了什么错误？错在哪里？"

过了几分钟，他诚恳地向我承认，他犯了三个错误："第一，老师布置作业的时候没有认真听，导致没听清作业。第二，忘记作业应该主动打电话向老师或同学询问，而不应该不做。第三，最不应该的是，作业没做还说谎、骗老师……"听着他发自内心的"忏悔"，我知道他已经认识到了自己的错误，相信他以后可能不会再犯这样的错误了。

有人说："孩子犯了错，上帝都会原谅的。"因此，作为八九岁的孩子，犯点错误是难免的，但关键是能让他认识到错误，并知道错在哪儿，知道以后怎么做，这才是教育的真正目的。我坦然，当遇到棘手的问题时，我又一次控制住了自己的情绪，及时给自己找一个台阶下，给对方一点儿时间和空间，让他进行自我教育和自我反思，使他充分认识到了自己的错误。这样经过深刻反省认识到的错误，对他来说，教育意义应该更大。

苏霍姆林斯基说过："最好的教育是自我教育。"作为一名智慧型班主任，在对孩子进行思想教育活动时，教师不能任自己的情绪随事态的发展而肆意宣泄，而应该适时地控制住自己的情绪，换一种方式，换一个角度，创造更好的教育契机，让孩子进行自我教育。

二、给我一个岗位，树立一份自信

孩子升入二年级时，我实施了"全员管理，分工负责"的管理模式，具体实施方案如下：让孩子根据自己的特长、爱好去申报不同的岗位职责，然后再根据申报参加竞选。如果落选，可以参加下一轮次的其他岗位的竞选，这样就保证了每个孩子都有自己的岗位，各展其能，各负其责。具体分工如下：两个全面负责的班长，下设各个分管的班长，具体分工有纪律、劳动、卫生、学习、晨读、文体等各个方面，每个班长又分支出几个委员或几个小组，如文体班长之后有文娱委员、宣传委员和体育委员，学习班长之后有各学科的小组长，劳动卫生班长之后有每天的值日组长，纪律班长之后有每天的纪律组长，下设还有几个纪律干事。

这样分工明细，责任到人，明确每个孩子在班级中的责任和职责，使每一个孩子都可以在班级中找到一个合适的位置，担负一项具体的工作，调动起每一个孩子的积极性，人人都意识到自己是班集体中不可缺少的一员，人人都为集体做贡献，使孩子体会到自身的价值和尊严。给孩子一个岗位，帮助孩子树立自信，孩子们将还我们一份希望！给我们带来一个个惊喜！

【案例分享】

责任到人

在班级管理中最能彰显一个班级精神面貌的应该是纪律和卫生了，俗话说"铁的纪律"，也就是说纪律是"硬"的，纪律是做好其他所有工作的前提和保障；那么卫生则是"软"的，"卫生犹如一个班级的一张脸"，从卫生状况最能体现一个班级的管理状况。

担任班主任工作多年来，我一直把班级卫生工作视为班级工作的重点来抓，因此，我带的班级卫生应该是比较"过关"的，属于"免检单位"。但是在这些表象的背后我付出了太多：几乎每次到教室我第一眼关注已不是孩子在干什么，而是像"猎犬"一样到处搜寻"猎物"。熟识我的孩子们已经摸清了我的这一"恶习"，因此，孩子们已形成条件反射——每当我走进教室，他们的目光也会齐刷刷地扫向地面，看看自己的管辖范围之内有没有我要捕捉的"猎物"。即便是这样，每次也能让我多多少少嗅出点怪味，从而顺藤摸瓜捕捉到大小不一的"猎物"。对此，我甚是不解，千叮咛、万嘱咐多少遍的问题，孩子们怎么总是保持不住？某日，又看到一篇介绍"责任到人"关于班级卫生管理的文章，这样的文章或理论我早就见过，但一直以为没有那么神奇，自以为只要各个小组负责干好当天的卫生就可以。但屡遭挫折后，我不禁产生了试一试的念头。于是，在原来五人小组的基础上，我让每个组的组长把本组成员分成拖地、扫地、擦黑板等几组，并且每组的人员必须明确每个人的具体负责范围和职责，比如扫地的同学有六个，每一排桌子各一人负责，然后再由两人专门负责教室前后的卫生；拖地的同学也是分工精细、责任到人。然后立下责任状，如果谁的管辖范围出了问题，就由谁负责。每天早上、中午上课前各打扫一次，其余时间由他们负责监督，如果哪个同学随手扔纸或桌椅摆放不整齐，由今天负责值日的这名同学提醒捡起纸片或摆放桌椅。就这样，一周下来，我省去了很多麻烦，因为在我去之前，已经有十几双眼睛在替我做着我以前曾筋疲力尽忙于应付的工作。

给每个孩子一个岗位，孩子更多了一份责任，一份自信。没想到，我退居幕后，前台的节目会更精彩。或许这正如有些人所说：给孩子多大的空间，孩子就能飞翔多远。如是这般，作为班主任我们应该大胆放手，让更多的孩子参与到班级管理中来。只要给他们留一份"自留地"，他们就会多一份责任和义务。

三、巧设激励机制，增强团队意识

在班级管理中，巧设激励机制，可以最大限度地激发全体孩子的积极性，使班级充满勃勃生机，成为一个团结奋进、积极向上的集体；可进一步完善现代班级的管理机制，促进班级管理的现代化和科学化，提高班级管理的效能。

【案例分享】

增强团队意识，创新管理模式

在班级工作中，每学期初，我都要对班级做重新定位，重新反思，总结过去班级工作经验与不足，构思新学期的工作设想。我们班曾实行过"苹果树""点将台"等激励机制，每种奖励办法都是第一学期成效显著，再重复使用就相形见绌、黯然失色了。针对这一现象，我进行了深入的思考，并用审视的眼光观察孩子、研究教育现象，做到"一日三省吾班"：每天及时对班级工作进行定位与规划，积极反思，总结一天来班级工作的纰漏与不足，构思、研究下一步的工作设想。经过反复琢磨、研究，最终明确其根本原因就是缺乏团队意识，缺乏竞争机制。鉴于此，孩子升入中高年级后，我以"强化团队建设，增强团队意识"为核心实施了新的管理模式，采用了"个人晋级、团队晋级与喜报"相结合的激励机制，带动班级各项工作的顺利开展。

团队意识用更形象、更生动的方式来描述的话，"拔河比赛"这种形式最能淋漓尽致地体现其内涵：哨子一响，绳子两边的队员，使足了劲儿向自己的方向用力，每个人都希望战胜对方，这时的团队意识化为一股向心力，也是一种合力，每个队员的表情或是行为都蕴藏着团队意识，最后当然是合力最大的一队胜出。看似平常的拔河比赛，在细细品味之后，却不难发现，只有在这种强烈的意识下，成员会不遗余力地献出自己的力量，付诸行动上，这力量则是不可战胜的。

实施方案：根据现在值日小组"五组制"这一特点，我把全班同学分成五个大组，每个大组是一个团队。一周内，每一个团队负责一天的值日。以此为媒介，辐射到班级管理的其他方面，诸如学习、纪律、卫生、日常行为规范等等。这样就把一个团队的成员用根无形的线紧密地联系在一起，使他们形成一种合力，拧成一股绳，展开团队与团队之间的竞争。只要"心往一处想，劲往一处使"，还有什么不能克服的？

每个团队队员的产生是这样的：首先在全班同学内竞争选出每组两名正、副队长，共计 10 人；队长和队员之间依据"个人申报、双向选择"的原则，确定每个队的队员人选。应聘会结束后，孩子们激动、兴奋的情绪还是那么高涨。各个团队的成员聚集到一块儿，商讨构思他们的"宏伟蓝图""工作设想"。看到这一幕，我感觉到身上轻松了许多。以前的班级管理只靠我一个人"看、管、盯、压"，把我累得够呛，孩子还不买账。而在新的管理模式下，孩子们的自主意识、团队意识、主动性、责任心、义务感及创造性得以激发，每一位孩子都可以在自己的团队中找到合适的位置，担负一项具体的工作，人人都为团队做贡献，人人都意识到自己是团队中不可缺少的一员，班级形成了"人人有事做，事事有人管"的班风。我可以放心地从台前主导转为幕后参谋，把天地真正还给孩子，让每个团队及队员都体会到自己是班级的主人，增强主人翁意识和责任感。

要做一名智慧型班主任必须善于解放自己，为自己"减肥消肿"。要做到这一点，就不能越俎代庖、一切包办，而应该"放权"，充分调动孩子的积极性，让每一名孩子真正参与到班级管理中来。

整合教育资源，凝聚教育智慧

教育是一场合力，是世界上最宏大、最广阔、最细微、最细腻的合作。离开合作，教育的各个方面将是孤立的、有裂痕的。作为一名智慧型班主任，要教育好一批孩子，带好一个班级，仅靠班主任的力量是不够的。班主任必须善于整合各方面的教育资源，取得他们的信任与支持，让他们真正参与到班级建设和班级规划中来，形成和谐的、有凝聚力的整体，这样才会迸发教育的活力，创造不可预设的精彩。

一、整合孩子资源的智慧

（一）新课程理念下的班级管理是提倡自主化的班级管理

在班级管理中，班主任要调动孩子的积极性，强化孩子的自主管理和自主教育，把班级管理的立足点从直接管理转移到设计管理上来。作为智慧型班主任要善于把问题摆在孩子面前，引导孩子出主意，想办法，增强孩子的参与意识与解决问题的能力。

【案例分享】

给孩子一次机会　让他们自己去创造
——别样的家长会所感

家长会是学校邀请家长参与学校教育工作的一种形式，目的在于构筑学校与家长的友谊之桥、信息之桥、沟通之桥，为孩子的成长共谋良策。以往的家长会多数班主任充当的是"家长的家长"的角色，一个人口干舌燥地唱独角戏。家长一概是"听众"，没有发言的权利，孩子更是一概被排斥在家长会之外，成为永远的"缺席被审判者"。随着新理念的浸润，我曾尝试着请几位家长代表发言，但是由于家长的知识层次、发言水平存在很大的差异，再就是由于经验不足——在家长发言的内容上我没有做具体要求，致使多数家长只是泛泛而谈，不具体，而且用时太长，效果不是很好。

随着孩子年级的增高，我曾萌生过这样的想法——让孩子在家长会上发言。但是我又没有把握，不知孩子能否承担这一重任——唯恐孩子说不到点上。"万事开头难！"在这种迟疑与两难抉择中，我一次又一次地打了"退堂鼓"。但是，如果不敢放手、不敢尝试，孩子将永远没有这样的机会。思前想后，我决定还是"给孩子一次机会，让他们自己去创造"。而让我意想不到的是，孩子的出现成为家长会的一道靓丽风景，孩子的发言把家长会的气氛推向了高潮。

紫荆同学的发言一语道破"高效学习"的实质——兴趣是最好的老师，首先要培养学习兴趣，有了兴趣就会学得投入，真正投入了才能达到高效；最关键的一点是提高课堂学习效率，"让思维跑到老师的前面"——一个概念提出来了，不妨试着自己先给它下定义；一个定理或公式写出来了，自己先试着去证明它；一个例题写出来了，自己先试着分析、解出它。这样听课，才会体会到思维的乐趣；这样学习，才真正实现"高效"。李想是一个非常爽朗、幽默的小姑娘，她的发言让台下的叔叔阿姨觉得英语真的不再神秘，英语也是训练人的思维能力的重要学科。她总结了一句非常经典的话："说英语要快速、大声。""快速"能锻炼听力及反应能力，"大声"能消除胆怯心理，给自己增加自信。文娜是一位非常沉稳的姑娘，对数学问题的思考很深入、很到位，她的发言同样赢得了家长的喝彩。今天表现最为"抢眼"的还要数我们班的"小才女"——宋文嘉，她的语言干脆而精练，言辞准确而恰当；生性沉稳，不急不躁；临场发挥，而且又联系实际。她的精彩发言让在座的每一位家长和老师目瞪口呆、赞不绝口，话没说完就被家长们热烈的掌声所打断，掌声"平息"后她又继续讲下去……听完她的发言，赞叹声弥漫了整个教室——"真是太精彩了！"这是发自家长和老师心底最真实、最强悍的声音。看来，孩子的潜能、孩子的发展空间真的是太大了，我们做教师和家长的千万不要低估了孩子的能力。给孩子一次机会，他们就一定能创造出自己的辉煌！

当真正把孩子推向家长会"前台"的时候，我才真正感受到我们的孩子有着不可估量的潜能。智慧型教师要做的就是要把问题摆在孩子面前，充分调动起孩子的积极性，让孩子出主意、想办法，激发孩子们的潜能，让孩子真正参与到班级管理中来，增强孩子的参与意识与解决问题的能力。这样孩子在进行自主管理与自主教育的同时，也会使我们的教育工作锦上添花，卓有成效。这也正是智慧教师、智慧班主任的智慧所在。

（二）班级管理，犹如经营家庭、教育子女

作为一名智慧型班主任，要善于体察孩子细微的心理变化，巧用情智原则和方法关注每一个孩子的发展，真正做到"以人为本"，对孩子进行培养和教育。

【案例分享】

"心平气和"效应

放学铃声响过，同学们匆忙地收拾着自己的东西，因为今天有美术课，孩子们带来了小桶、笔墨、砚台、颜料等书法工具，所以今天的"战场"收拾起来有些麻烦。我正想嘱咐孩子们要轻拿轻放，以免损坏东西，话还没出口呢，只听"啪"的一声（显然是有玻璃或瓷器掉到地面上打碎了）。孩子们先是一阵唏嘘惊叫，而后又都闻声张望，想知道究竟发生了什么。就在孩子们一声声的叹息声中，不知从哪儿冒出了一句很不和谐的话语："谁这么牛×？"听到这刺耳的话语，我有点儿不敢相信自己的耳朵。是我听错了？我们班怎么会有这么没有修养、出言不逊之人？从他们口中会说出这种粗鲁的话语，我惊愕……

教室内一阵骚动，同学们和我一样，对这粗俗的话感到震惊，但更多的是惊异于这句话的出处，可能也为这个同学"捏着一把汗"呢。

"学校，因为有了规则的提醒，教育才能突显本色；孩子，因为有了规则的约束，才能彰显最美的灵性，才能获得更完美的自由。"该出手时就出手！我不能再保持沉默了。

"刚才是谁说脏话了？"我的声音明显提高了八度，孩子们立刻安静下来，无辜地你看看我，我看看你。"老师，是王××。"一个孩子愤愤地说，55双眼睛顺着他指的方向望去，他似乎嗅到了这句话的敏感效应，显得很不自在：抓耳挠腮、不知所措。又是他，这个孩子今年刚转到我们班，娇气十足，一些不好的习惯更是难以改掉。我跟他交流过，对他鼓励过，甚至也惩罚过，他较以前有点儿进步，但"改掉一个坏习惯比养成一个好习惯要难得多"。这不，今天他又"出风头"了。

教育是一种艺术，对这种孩子还真不能硬碰硬，因此，我告诫自己：不要激动，要克制住情绪，冷静！"先到办公室等我，好好反思一下。"

于是，我先组织孩子放学站队，等再回到办公室，情绪已平静了许多，和他心平气和地进行了交流。我前后态度的转变可能出乎他的意料，刚才还像"愣头青"的他竟然低下了头，开始主动承认自己的错误，并一把鼻涕一把泪地忏悔："老师，我知道错了，以后一定改。""老师知道，你是个好孩子，以后一定不会再犯类似的错误了。""有些话已经成了口头禅，有时是无意识地就出口了，今天也是这样。老师，你以后可以让同学们监督我，这样可以督促我尽快改掉一些坏习惯。"听着孩子真诚的话语，我释然。"人之初，性本善"，每个孩子的心灵本是一颗晶莹剔透的珍珠，只是在后天的环境中因为缺少正确的引领和教导才会使其锈迹斑斑。作为班主任，我甘愿做清除铁锈的试剂，让孩子本应纯洁的心灵更加透亮。

反思今天这个教育案例，我惊喜地发现，"心平气和"以前曾是我努力追求的境界，今天却变成了没有理由不如此的事实状态。在这种平静、淡定的外表下，我的心依然是滚烫的，追求依然是执着的，但是，它使我更加平和，更加持久，也更加地自信与坦然。

（三）在班级管理中，必须淡化教育者的角色痕迹，与孩子平等对话

建立朋友般的师生关系，做到师生之间的相互悦纳。

【案例分享】

走进孩子的心灵

课堂上，我习惯性地环视一周，与每个孩子的目光相遇时，他们眉头时而紧锁、时而舒展……看着孩子们思维处于高度集中状态，我欣慰。我也不失时机地用孩子们能读懂的眼神向他们传递着我对他们的赞赏和鼓励。正在为孩子们的积极投入而高兴之时，一个目光呆滞、神情恍惚的形象映入了我的眼帘，"怎么又是她？"我心头一紧，不禁暗自嘀咕起来。

这个孩子自二年级进入我们班，起初成绩不是很理想，但学习还算刻苦，在我的鼓励下，成绩直线上升，到了三年级已进入班级前列。这对她来说，应该是最大的鼓舞，如果乘胜追击，勇往直前，成绩应该会更好。可不知为什么，进入四年级以来，她的情绪和状态很不正常：上课经常开小差，下课也不愿与同学交流，整天自己呆坐在位子上想事情；作业做得乱七八糟，字写得张牙舞爪……所有这些变化，让我甚是不解。当我想接近她，进一步了解她时，她明显地表现出对我的不友好：两眼直愣愣地看着我，不管我怎么问，她也不回答，而且脸上写满了"仇恨"。看到这些，我整个心都凉了，一时不知该如何走近她，与她进行心灵的沟通与交流。春节前的期末考试她的数学成绩竟然下滑到后十名，面对这样一个分数，我无言以对，但我还是不想放弃。于是，素质报告单上，我这样写道：

瑶：

在每个孩子心中都有着想成为一名好孩子的美好愿望，老师知道，你一直在努力成为一名好孩子。其实，你在很多方面已经是一名非常优秀、非常好的好孩子了，但是有些方面还有欠缺。"好孩子"的内涵太丰富了，你能自我评价一下，哪些方面还需要努力吗？老师希望你能自己找到答案，下学期做一个更加完美的好孩子。老师期待着！相信你一定能做到。

本以为，经过一个假期的"洗礼"，她的状况应该有所好转，但没有想到，开学刚几天又让我看到了刚才那一幕。于是，我拨通了家长的电话，让我感觉棘手的是，她的妈妈在电话那头，话没说两句，竟然哽咽着说不出话来——泣不成声了。等她的妈妈情绪平静下来，才告诉我，自上学期开始，她父母感情上出现了一点儿问题，整天吵吵闹闹，甚至谈到了离婚，以至于打乱了孩子平静的生活，扰乱了孩子的思绪，随之也影响到了孩子的学习。了解了这些，我的心里沉甸甸的。

当我再次面对她时，没有了责备和质问，而是多了一份关心和爱护，从谈话的语气到态度上，让她处处感受到我对她的爱。一开始，孩子还是有些拘谨，当我用真诚博得了她的信任后，她心中封存已久的"冰"终于融化了。自此，我们师生心灵之间相隔的那堵墙被彻底拆除，我们的心灵靠拢得越来越近。她开始主动和我聊起了爸爸妈妈的事情，此时，孩子脆弱的心灵再也无法控制，"哇"的一声大哭起来，在这里她没有了一点儿矜持，感情的防线完全消除，犹如一个迷失了方向的孩子终于回到了亲人身边，找到了安全的归宿，回到了久违的"避风港"。这时，我才真正感到，作为一名智慧型班主任，只有真正走近了孩子的心灵，孩子才会向你敞开心扉，把你当成她最亲最近的人。也只有此时，我们才是孩子心目中真正的老师。

二、整合学科教师资源的智慧

班级管理是一件复杂的工作，更是仁者见仁、智者见智的艺术性工作。因此，班主任要协调好各科老师之间的关系，整合班级全体科任老师的力量，发挥集体智慧，让科任老师当好参谋。这需要班主任不仅仅要起到桥梁和纽带的作用——和科任老师要多沟通、多交流，更要起到整合和凝聚的作用，遇事要多征求科任老师的意见，和科任老师多切磋，多提出解决问题的方法，多分析其利弊。让科任老师参与到班级管理中来，这样不仅没有把科任老师拒于千里之外，而且还增进了彼此之间的感情。另外还要经常邀请科任老师参与班级活动，让孩子在活动中亲近科任老师，加深师生之间的了解，从而增进师生之间的感情。"亲其师，信其道"，有融洽的师生关系做保障，孩子们的学习效率就会提高，各科成绩也会随之上升。班主任需在孩子和科任教师之间充当"润滑剂"，科任教师和班主任心往一处想，劲往一处使，班级的各项工作就会做好。

【案例分享】

我和我的搭档

当班主任 13 年，和我搭班的老师很多，不管是带哪一个班级，我都会协调好其他科任老师的关系，让科任老师真正参与到班级管理中来，有事多与科任老师沟通交流，让科任老师真正感受到自己存在的价值，感受到这不是别人的班级，而是自己的班级，从而升腾起主人翁的责任感和责任意识。几位科任老师拧成一股绳，同时去管理一个班级，作为班主任的我会倍感轻松。

张老师是和我搭班的语文老师，是一位比我长几岁的姐姐。我们刚开始搭班时教的是一年级，因为一年级的孩子太小，前一个月班级卫生基本上是靠班主任在打扫，只是教育孩子要注意保持，不乱扔纸屑、注意保持自己桌面和课桌下的卫生。和我搭班的张姐姐，几乎每天的晨读和午写时间，只要她在，她都会在组织好孩子的前提下，帮着我打扫教室卫生。一次两次，可能是偶然，但是张姐姐一直这么坚持，让我很是感动。人和人之间都是讲感情的，她越是这样我越是对她多了一份尊重和敬意，班级有什么事都会在第一时间和她商量，对班里不完成作业的孩子，我会及时和她沟通、交流，该批评的批评，该教育的教育，该和家长交流的我都会处理好，姐姐觉得和我搭班也是特别省心。

孙老师是和我搭班的英语老师，在 90 年代末，学校刚开设英语课，家长、孩子对英语学习不是很重视，总觉得小学英语又不是考试科目，只要会认几个英语单词，会读几个简单的英语句子就万事大吉了，所以每次英语单词听写很多孩子都不达标。再加上英语老师同年级甚至跨年级教着好几个班，有时也没时间对每个孩子进行指导和教育，于是我把这个任务自觉接过来，亲自督导那些英语听写成绩差的孩子回家多写英语单词，第二天我利用课余时间给他们听写英语单词，这样，班主任老师亲自去抓他们的英语学习，在孩子心中会比较重视，所以我班英语听写的成绩进步非常快。孙老师很是感激，经常在办公室聊起和我搭班的幸福故事，其他老师很是羡慕。

李老师是位非常优雅、漂亮的年轻妈妈，也是和我搭班的语文老师，那一年她刚从乡镇教师中通过笔试和面试层层遴选考入我校。有缘的是她来我校第一年就和我搭班，一起带一年级。8月份她的孩子刚刚满月，因为学校缺老师，9月份开学她没有休产假就直接上班了。当时因为孩子小，所以在调课时我完全根据她的需求，在不影响她回家哺乳的前提下，把她的课程表调好，在此基础上我再安排我的课。遇到这么"给力"的搭档，她很欣慰，之后的班级工作也很努力，因为她是幼师毕业，班级里的文艺节目排练，她基本上全包了，这对我这个不懂音乐的班主任来说也是"雪中送炭"了。因为她的孩子小，有个感冒发烧的，需要请假，我都会把她的课接过来，帮她看着。

搭档、搭档，就是在一起共同干事、一起承担责任的人，只有相互理解、相互支持，才能相互成全、相互补台。最后受益的还是孩子。所以作为一名智慧型班主任，一定要协调好和各任课老师之间的关系，这样才会为孩子搭建健康快乐成长的阶梯和舞台。

三、整合家长资源的智慧

好的教育，应该是在一个共同的教育理念下的合力教育；好的教育，必定要经过交流彼此对孩子的看法，从中产生新认识和新方法，以求更好地教育孩子、发展孩子。

"家庭，是孩子的第一课堂；家长，是孩子的第一任老师"。所以说，家长永远是教育战线上的一支忠实而有力的同盟军，失去了他们的支持，我们无异于孤军作战。因此，作为一名智慧型班主任，不但要关注孩子在校的表现，还要做好与家长的交流与沟通工作，尽量取得家长的理解和支持，使学校教育与家庭教育形成合力，实现教育之最终目的。

【案例分享】

擎起我们心中的太阳

——致家长的一封信

尊敬的家长：

您好！自您的孩子进入五年级二班，我们就成了"一家人"。因为我一直坚信：您永远是教育战线上的忠实而有力的同盟军，失去了您的支持，我们无异于孤军作战。因此，不管是老朋友，还是新朋友，希望您能真正融入我们这支家校共建的教育大军中来，尽可能地为孩子提供最好的教育环境，搭建孩子健康快乐成长的舞台，使我们的孩子能够非常轻松、愉悦地进行学习。

本应及早与您沟通、交流，但由于手懒，一直没有动笔，现在借期中考试结束之际，向您汇报一下我们五（二）班班级管理及孩子学习方面的一些情况。如您在班级建设和孩子学习方面有更好的、指导性的意见与建议，恳请您献计献策，贡献一份力量，如是这般，我将不胜感激。

随着新课程改革的不断深入，现代教师的教育理念也在不断地进行创新与改革。在班级管理中我对孩子的教育方法多是采用鼓励与赏识，而不是以教师的权威对孩子实施"高压"政策。"学校是允许孩子出错的地方"，孩子就是在不断"犯错""纠错"中成长起来的。因此，面对孩子的错误，我的处理原则是首先让孩子认识到自己的错误，并主动承认错误，最重要的是让孩子分析错误的根源。只有这样，才能让孩子养成知错改错、诚实、正直的品格，并在反省错误的过程中，让孩子学会一些问题的处理方法，教给孩子做人的道理。孩子学习态度方面的教育与指导，我会根据孩子在校的表现和学习状态及作业情况，及时做出评判，有必要个别教育的我会找其单独谈话；如果班级出现了共性问题，我会利用班队会或课前时间对孩子们进行集体教育，旨在让班级形成一种好的学习环境与学习氛围，让每个孩子在其中都能感到紧迫感，促使其更加积极主动地投入学习。对于那些特别难教育的孩子，我会不遗余力地对其进行教育，尽到做教师的职责；即使对那些家长已放弃希望的孩子，我们做教师的也不言放弃，而是各尽所能从各个方面感化他、转化他，发动同学都来帮助他；但是对于家庭作业不能按时完成的孩子，我们做教师的真是爱莫能助，因此，这只能借助家长的力量，对孩子进行督促与教育。如果家长能尽到您应尽的职责，相信您的孩子的教育前景将会"柳暗花明"，会有好的转机，教育效果也会卓有成效。

期中考试是对孩子半学期来学习情况的阶段性总结，它基本能反映出孩子对各学科知识的掌握情况。但是，我特别需要与家长探讨的是：您千万不要把目光只盯在孩子的考试成绩上，而更多的是通过孩子各科的成绩，分析孩子成绩背后的因素，帮助孩子找出各科的知识漏洞，并采取行之有效的补救措施，尽量想办法弥补。另外，对孩子还要多进行学习态度及学习方法方面的指导与帮助，使您的孩子能端正学习态度，采取科学的学习方法，尽量在讲究学习方法、提高学习效率上做文章，而不是一味地在时间上逼孩子。一次考试成绩毕竟有一定的偶然性与片面性，并不能完全代表孩子的真实水平，这里不乏有发挥失常者、有临阵磨枪者，总之，您千万不要以一次成绩给孩子下定论，将孩子"一棍子打死"，而要用发展的眼光看待孩子的成绩，用辩证的理论分析孩子的成绩。高明的家长，会帮助孩子找出失利的原因，督促孩子及时反思与补救，找到更适合孩子的学习方法，让孩子看到自己的潜力与希望，信心百倍地更加努力地投入学习。

为了鼓励孩子更加积极主动地投入学习，我在期中考试成绩总结分析会上倡导孩子们互相学习，每个人给自己定一个追赶的目标，使整个班级形成一种你追我赶的学习氛围，这样更利于孩子在原有基础上"更上一层楼"，当然这个目标不能过高、过远，而应该切合每个孩子的实际，在这一点上希望家长也做一下必要的指导。

当然，每个孩子都有成为"好孩子"的美好愿望与需求，为此他们也努力过，可能因种种原因，未能如愿。表面上，他们把自己深深地掩盖起来，但其内心是多么盼望得到老师和家长的宠爱和赞赏呀。因此，我们做老师和家长的都应该换一种心态，换一种眼光来观察孩子，学会欣赏、信任他们。"人之初，性本善"，我相信，每个孩子都是好孩子，如果我们家长和老师都把孩子视为我们心中的太阳，用真诚和信任做支柱，用双手擎起我们心中这一个个火红的太阳，相信他们都是我们心中的最爱。

【案例分享】

家长与我们同行

  齐蓉妈妈不仅是单位的女中豪杰、业务尖子，而且对女儿、对我们的班级都很上心，五年级上学期为了鼓舞孩子们的干劲，让孩子们在小学阶段的最后一年更加努力地学习，她主动请缨利用周一班会时间和孩子们进行了一次深入的分享与交流。交流中孩子们了解了作为长辈的阿姨上学时的刻苦、努力与不易，激励了孩子们更加珍惜现在的美好生活，促使他们好好学习，回报社会、回报父母。之后每隔一段时间她都会给孩子们写一封信，表达她对孩子们的关心、关爱和关切。这是我读了齐蓉妈妈给孩子们写的信后写的一段反思，同时也见证了我记录班级日志的习惯：

    感慨齐蓉妈妈写给全班孩子的第二封信，信上，她对我们班的很多孩子了解得那么细致：杨淑雅爱弹古筝；禹敏慧的书法有款有型；张雅文读英语声情并茂；少晨打篮球挺像姚明；吉鹏热爱科学；金媛的国画栩栩如生；文娜美丽聪慧，我收藏了你的百变小樱；致远口若悬河；许昕的电子琴悠扬动听；源浩很幽默；杨惠芝可爱聪明；文嘉的文章精彩传情；忠鑫个子很高，诚实好学，是老师的好帮手；由健读书好听、幽默机灵；陈晨热爱学习；李彦晨跑步很轻盈；康硕跳得很远；李想活泼聪明；紫荆的成绩经常是第一名……

  这是齐蓉与妈妈分享学校生活的真实写照，同时也折射出妈妈不仅对女儿，同时也有对班级里每一个孩子的殷切希望与厚爱。正因为有这种大爱、博爱，才会让我们班每个同学的影子在她的脑海里烙上印记，才会有那么多孩子的欢乐萦绕在她的思绪里。这是一个多么用心、多么有心的妈妈。从这些言行里折射出她对自己女儿的关心和关爱，同时也展现了她对班级、对学校、对老师无形的支持和关注。有这样的家长同行，犹如给我们的教育工作插上了翅膀，我将带着我的孩子们飞得更高、更远！

第四章　数学教师与专业成长

"能为一所学校而老，看着一批批孩子慢慢长大，看着年轻教师迅速成长起来，是一种幸福，我很享受这种幸福……"一席话、一段情、一辈子，道出了一位 19 岁刚刚毕业的小姑娘，历经 30 年沧桑岁月，为同一所学校倾其所有，看着一批批孩子慢慢长大，看着一批批年轻教师迅速成长起来，自己却心安理得地慢慢变老的一线教师的心路历程。

守得云开见月明

2012 年，已经上班 20 多年的我，参加过的培训学习，多数都是数学学科培训，以听评课和专题报告居多，但是专门针对名师成长的论坛是少之又少。有幸的是，2012 年 4 月 20—22 日，区教育局组织我区 50 多名教师参加了由北京师范大学承办的"第二届全国中小学名师培养与成长论坛"。会议期间，有 7 位专家、名师结合自己的研究专题或自身成长经历阐释了"教师专业发展"暨"名师成长"的有效途径。听了这 7 位专家名师的报告，我对自己的专业发展之路有了更明确、更清晰的认识。

让每个孩子享受适合自己的教育

"让每个孩子享受适合自己的教育"，这是冯恩洪教授提出的观点，也是我们一线教师最应该思考并努力达到的目标。冯恩洪是全国著名教育家，他不仅具有远见卓识，还是"艺高人胆大"的教育实践家。在教育界素有"北魏南冯"（北有魏书生，南有冯恩洪）之说，这足以看出他在中国教育界的地位和权威。

专家只是给我们以引领，如何实践将是摆在我们面前的课题。"让每个孩子享受适合自己的教育"其宗旨就是"承认差异，尊重差异，让每个孩子做最好的自己"。这里的"最好"不是做群体中最好的一个，而是自己和自己比——昨天的自己和今天的自己比，不断超越自己，每天都在努力以达到最好。这一提法不仅与我们学校的学风"日有进步，日益优秀"不谋而合，与新课程理念更是吻合：数学课程应致力于实现义务教育阶段的培养目标，要面向全体孩子，适应孩子个性发展的需要，使"人人都能获得良好的数学教育，不同的人在数学上得到不同的发展"。愚以为，这一提法也就是让孩子"跳一跳摘桃子"，享受到努力之后的成功体验；而不是"不费吹灰之力"就可得到；更不是"费九牛二虎之力"永远也得不到，那将让孩子失去自信，没有了前进的动力。

　　另外，要真正"让每个孩子享受适合自己的教育"，还应该改变传统的学习方式，变被动学习为主动学习，使数学课堂真正成为师生积极参与、交往互动、共同发展的平台。孩子是学习的主体，教师是学习的组织者、引导者和合作者。数学学习还应是一个生动活泼的、主动的和富有个性的过程，要让孩子在学习过程中自主探索、合作交流，主动获取知识，在交流的过程中，让一部分孩子能教别人掌握知识。在这一学习过程中，真正实现师本走向生本、接受走向合作、单干走向合作。这样的课堂教学，才会在真正意义上让孩子抛弃接受、远离忍受、走进享受，让每个孩子真正享受适合自己的教育，真正实现课堂的高效。

教师即研究者

　　"教师即研究者"是北京师范大学教育管理学院鲍传友院长提出的，他以非常专业的理论术语、非常系统的知识结构、非常精湛的文字功底高瞻远瞩地为我们做了题为《教师专业发展及其生涯规划》的精彩报告。

　　在报告中，他从教师专业特性、教师专业发展内容、如何规划职业生涯三个方面阐释了教师专业发展及生涯规划的相关知识。"你不能做我的诗，正如我不能做你的梦"，鲍院长引用了胡适的这句话来阐释教师职业专业性强的特点，并以"教师专业特性决定了教师专业发展的内容与形式"自然过渡到第二板块的论述，行云流水般自然，从这里我足以看出教授的水平。第二板块横向分教师专业知识、教师专业能力两方面，纵向分幼儿园、小学、中学三个不同层次，指出了不同学段教师的专业性对教师的不同要求，错落有致、层次分明、翔实具体。他引用了苏霍姆林斯基的话："在绝大多数情况下，数学教师和语文教师在一节课上所要讲的时间，不应超过5～7分钟。"我对这句话的理解是：教师在课堂上不要喋喋不休地讲个不停，而应只是在关键处点拨，把更多的时间留给孩子去主动探索、相互交流，只有让孩子通过自己的努力去理解的东西，才能成为他自己的东西，才是他真正掌握的东西。

　　"教师即研究者"十分准确地指出了教师职业专业化的本质。

做研究型教师，是改变教师专业生活方式，实现教师专业成长的必由路径。正如苏霍姆林斯基所说："让每一位教师走上从事研究的这条幸福的道路上来吧！……凡是感到自己是一个研究者的教师，则最有可能变成教育工作的能手。""教师即研究者"的教育理论学习，促使我开始站在一个新的视角审视自己的职业生涯。因此，对于参加本次培训的教师来说，我们更不应该辜负领导的期望和重托，真正走上教育研究的这条道路上来，使自己尽快成长为名副其实的名师。

最后，鲍院长就"如何规划自己的职业生涯"做了大篇幅的论述，对我们来说既是激励、鞭策，也是鼓舞、唤醒。他通过一个图示说明了人的最佳发展区是22～50岁，当时相对于我来说还有接近10年的最佳发展时间，在这最佳发展区的时间里，我们何不学习鹰的精神翱翔于天空，在三尺讲台上用心规划自己的职业生涯呢？职业生涯规划是一个持续循环的过程，在职业生涯不同阶段对自己提出不同的要求，追求别样的人生。而今天我们已跨进2021年的大门，我马上就50周岁了。最佳发展时间是否真的过去，其实也是事在人为，只要心不老，还可以继续前行。

教师，做不断超越自我的人

最后一个做报告的是我们的东道主，山东教育学院教师教育学院副院长——齐健。他兼任山东省名师成长办公室的主任，因此，他对我们山东的名师非常熟悉。在做报告的过程中，他结合身边的名师成长案例追述名师的成长经历，让我们感觉更自然、亲切、实在。

结合自身实际，我最感兴趣的还是齐健教授谈到的关于"教师专业成长的阶段论"问题。国内学者的研究：一是王笑梅（2003）主张的教师专业成长"四阶段论"：适应期、稳定期、发展期、成熟期；二是李海林（2008）提出的教师"二次成长论"：一个优秀教师的成长至少需要两次成长构成——一个教师要走向成功，仅有第一次成长是不够的，起决定性作用的是第二次成长。而齐健教授认为："二次成长论"适于一位教师从初任阶段成长为一般意义上的比较好的教师。但根据我们项目组深度调查69例本省知名教师的成长轨迹进行分析的结果，基本观点则为：作为一位教师，要成长为真正意义上的卓越型教师（"名师"），则恐怕还需要有一个"第三次成长"的阶段（即，提出教师"三次成长论"）。并结合著名美学家朱光潜先生关于书法艺术"四境界"说的启示，将教师的专业发展境界分为四类：

第一境界：职初型教师（"疵境"）；

第二境界：成熟型教师（"稳境"）；

第三境界：专家型教师（"醇境"）；

第四境界：卓越型（教育家）教师（"化境"）。

并总结出了教师三次成长论：走向真卓越——

第一次成长：由"疵境"到"稳境"（第一个高原期，第一次分化）；

第二次成长：由"稳境"到"醇境"（第二个高原期，第二次分化）；

第三次成长：由"醇境"到"化境"（大师、教育家，出神入化、大象无形……）。

而后齐健教授又结合齐鲁名师的个案分析，阐释了"如何实现教师专业发展境界的不断超越与突破"。

一是把握不同阶段教师的心理特点与需求：

职初型教师（一般指入职后的前3年左右）；

熟练型教师（一般在职后8～10年左右相继进入）（第一次高原期、倦怠感到来，开始分化；约持续5～7年）；

专家型教师（约在职后13～15年开始初步形成）（第二次高原期、自负感到来，开始再次分化：持续时间较长，大部分止步于此，极少数再次突破）；

卓越型教师（教育家型教师）。

二是把握不同阶段的成长关键：

第一次成长关键：模仿他人、经验积累……

第二次成长关键：勤于思考、外力推动……

第三次成长关键：文化自觉、教育情怀……

总之，教师要成功地走向卓越，基本取决于两方面要素：自我（内在）、生态（外在）。

最后，他以德第斯多惠的几句话给与会教师以启示，教师必须明确地认识到：凡是不能自我发展、自我培养和自我教育的人，同样也不能发展、培养和教育别人；教师只有先受教育，才能在一定程度上教育别人；教师只有诚心诚意地自我教育，才能诚心诚意地去教育孩子。

齐健教授的报告让我对自己的职业生涯及专业成长之路有了新的思考，正如惠特曼所描述的："一个孩子向前走去，他看到什么东西，他就变成那东西，那东西就成了他的一部分……"孩子尚且如此，作为教师的我们又何尝不是呢？只要我们心中有目标，并朝向自己的目标努力，也会有"守得云开见月明"的一天。

以上这段文字是 2012 年学习归来后写的，今天正好是 2021 年 1 月 1 日新年第一天。再细细品读这些文字，进一步感受到，山东教育学院齐健教授对教师专业成长中不同阶段教师的心理特点与需求，不同阶段的成长关键，分析得真是太到位了。对照当时的分析，再回头看看自己 30 年走过的教师专业发展之路，各时间段基本吻合。

为一所学校而老

1990 年 7 月到 2020 年 8 月，19 岁到 49 岁，我一直任教于同一所学校，整整 30 年。30 年，我见证了学校的成长和变化，接受了四任校长的领导与教诲，经历了学校的几次更名、变迁及人事变动，同时也迎来送往了一批批的新老同事，但我一直是初心未改，一直坚守在一小的讲坛上，兢兢业业、勤勤恳恳，在平凡的岗位上践行着自己的教育理想，用爱心、诚心、精心、恒心坚守着自己的教育之梦。

作为教师，能在同一所学校一干就是 30 年，可以说是看着学校从 20 世纪 90 年代初到现在一天天地成长、变化，并且逐步朝向卓越、走向优秀，直至辉煌，那种感觉就像看着自己的孩子一天一天慢慢长大……所以说，在同一所学校待的时间越久，对学校的感情就会越深。2019 年作为"榜样人选"接受记者采访时，我说过这样一句话："能为一所学校而老，看着一批批孩子慢慢长大，看着年轻教师迅速成长起来，是一种幸福，我很享受这种幸福。"当时在说这句话时，自己都能感受到我的声音是颤抖的，我的眼睛里早已噙满了泪水……因为这是我发自内心的声音，也是我工作 30 年的真实写照。我教过的学生在电视上看到我说这句话时也感动得哭了。因为她是在 20 世纪 90 年代初读小学时我教过的学生，现在她已长大成人有了孩子，就在几年前又把她的女儿送到我的班里，母女两人在不同年代均师从于我，这是缘分，更是巧合。但这只是我教过的满天下桃李中的一个家庭，她们见证了我从一个 19 岁刚刚毕业的小姑娘，历经 30 年沧桑岁月为同一所学校倾其所有，看着一批批孩子慢慢长大，看着一批批年轻教师迅速成长起来，自己却心安理得地慢慢变老的一线教师的职业生涯。她能真正理解我说这句话的真实感受，她的理解既有她作为孩子对老师的理解，也有作为学生家长对老师的认可。她表达了我教过的学生及家长的心声，也是真正懂我、了解我、与我心灵产生共鸣的人。

　　她是我毕业第四年（1993 年）带过的"小四班"的班长，之所以称那个班为"小四班"，是因为在我接那个班之前，他们的各科成绩及各项活动在全校都是最差的，是全校闻名的"差班"，以至于原班主任辞职不干，数学老师换了一个又一个，却没有一个老师能坚持下来继续教这个班的。当时我刚送走了一个毕业班，所教班级的数学成绩遥遥领先于其他班级。在这种情况下，被学校领导委以重任，当上了"小四班"的班主任。接手"小四班"后，我彻底给这个班摘掉了"小四班"的帽子——因为"小四班"不仅各项活动在全校中夺冠，各科成绩更是突飞猛进，而且到五年级下学期班级人数猛增到 95 人（教室坐不下，最后我们到了学校的合堂教室上课），创下了垦利教育史上班级人数最多的纪录，这个班由"小四班"变成了名副其实的"大四班"， 最后的小学毕业成绩数学学科以高出第二名 10 多分的成绩稳居全县第一。由于各项成绩突出，1995 年毕业时"小四班"（五年级四班）中队被评为山东省"国旗中队""垦利县优秀班集体"等荣誉称号。

　　就是在那样一种背景下我带出了由"小四班"变"大四班"的这样一批孩子，得到了家长的认可、领导的赏识，从此我成了领导重点培养的对象。正是因为有了"小四班"变"大四班"的关键事件，把我推到了"风口浪尖"，在个人专业发展的道路上想不努力都难，这大概就是传说中的"被动成长"吧。就这样，我一个毕业刚满 5 年的老师开始、崭露头角，开启了教师专业发展之路。

初出茅庐，迅速成长

刚毕业，我被安排教四年级两个班的数学课（因为当时上师范时我学的是普师，不分专业，毕业后教什么学科完全根据学校的工作需求安排），从此我与小学数学结下了不解之缘。刚毕业时没什么经验，摸着石头过河，边教边学边琢磨，没想到每次的教学成绩都是遥遥领先。教学成绩稳定之后，开始在教学技艺上下功夫，毕业第二年（1991 年冬）第一次参加学校的优质课比赛就得了数学学科第一名，1992 年被推荐参加了市优质课比赛。我非常清晰地记得当时我讲的是五年级的《分数乘整数》，评委老师对我的课给予充分肯定，并且对我这个刚毕业两年就参加市优质课评选的小老师有了很好的印象。接下来的日子里，领导对我更是重点培养，各类培训学习活动都会安排我去参加，特别是每两年一届的"山东省小学数学年会"对我的帮助特别大，在会上不仅能听到全省最精彩的数学课，而且还能及时了解最新的小学数学教育教学理念，真正开阔了视野，打开了思路。学以致用，我会深刻领会数学年会精神，并把省优质课的教学模式移植到自己的课堂上去探索、去实践，渐渐地，我的教学理念与时俱进做着改变，教学技艺也在不断地提升，并主动去学校阅览室翻阅仅有的几本小学数学杂志和读本。书中的文字给我以启迪和智慧，结合自己的教学实践开始尝试着写一些教学论文，并在市教研室每两年一届的论文比赛中每次均获得一等奖。

就这样，初出茅庐的我，在无意识的被动成长中，几年时间就迅速成长起来：1995 年被评为县优秀教师，1997 年被评为市教学能手，1998 年被评为东营市首批百名科研骨干，1999 年晋升为小学高级教师，而且在全市的业务能力测试中取得了小学数学学科第一名的好成绩。毕业 9 年时间内就取得了几项比较高的荣誉，所以在别人眼里我是成长非常快的教师。

职业倦怠，读书促成长

人都是有惰性的，当年纪轻轻的我已经晋升为小学高级教师（相当于现在的一级教师）的时候，我开始懈怠了：每天只满足于上好自己的课，不求专业的成长与进步，以"年轻的老教师"自居，这样的日子从 1999 年一直延续到 2004 年，大概 5 年时间。说"年轻"，是因为年龄才三十出头，说"老"，是因为已有十几年的教龄。像我这个年龄，各类业务评比与比赛已与我无缘，学校领导培养的重心也聚焦到更年轻的教师身上，因此我的教育人生从此平淡而安逸。就这样，我还自得其乐。很显然，职业倦怠已悄然而至，它无时无刻不困扰着我，使我迷茫。就在这时，我很幸运地遇到了一位导师，这位导师就是管建刚老师的《不做教书匠》一书。这本书中《别做年轻的老教师》这篇文章对我的触动特别大，因为它写出了我当时的工作状态。当时我就是管老师笔下处于"温水危机"中的青蛙，虽然我还不会似青蛙那样立毙于汤沸，但长此以往，我将永远是一个"教书匠"。

可以说是这本书、这篇文章改变了我对个人专业发展的认识，也改变了我的教育人生。下面这段文字是我读了《别做年轻的老教师》这篇文章后写的读后感——《做一只年轻的"老"鹰》中的一段话，发表在 2007 年 3 月 7 日的《中国教师报》上。

读了管建刚老师的文章，感觉是那么贴切入耳，又那么振奋人心。它如一波涟漪，荡涤明澈着我混沌的心灵；又像一声响鼓，催动我犹豫甚至一度停息的脚步；使我更清醒地认识了自我，明确了自己努力的方向，他的话语无时不在激励我：35 岁对教师来说是一个年龄的隘口。这个时候能振奋起来的教师将成为教育的骨干和精英，将把教育人生的旅程书写成辉煌。值得庆幸的是，此时的我已完全从职业倦怠的旋涡中走了出来，书香已沐浴了我，包容了我，我的灵魂也在这"润物细无声"的滋养中得到了净化和升华。我重新唤醒了自己强劲的前进动力，唤醒生命自觉，创生发展动能，保持昂扬前行的态势。

反思写作，主动成长

2004 年起，我们学校就开始倡导老师和孩子多读书，并推出了一系列读书活动。活动犹如给孩子们的读书生涯打开了一扇窗，课间，孩子们谈论的不再是动画片中的卡通人物，而是书中的小豆豆……当时我儿子也正好上小学，爱人更是学校读书活动的倡导者，学校、家庭都弥漫着浓郁的书香气，于是我也尝试着拿起孩子们喜欢读的《窗边的小豆豆》《夏洛的网》《爱的教育》《我要做个好孩子》等儿童书籍，认认真真地去拜读、评析书中的每一个人物。沐浴在儿童书籍中，与孩子们一起享受书的滋养与润泽，让我进一步了解了孩子，真正走进了孩子的心灵。在此期间我写的十几篇读书随笔（读后感）发表在《中国教师报》《江西教育》《现代教育导报》等期刊杂志和报纸上。

后来，我又把读书的范围扩展到文学作品、历史故事，再到教育随笔、教育名著，最后落脚到小学数学专业书籍上，来提升我的专业素养。不管什么类型的书，只要静下心来，翻开一本好书，细细品味时，书中的文字，就会给我们以启迪和智慧，让我们干涸的心田得以滋润。从此，读书成了我生活中必不可少的一部分。后来我又尝试着把课堂教学中的点睛之笔和失败之处以及班主任工作中的所思、所想记录下来，形成了一篇篇鲜活的、真实的、原汁原味的、充满生机与活力的教育教学案例。《山东教育报》曾在"班主任日记""点石成金""个案选登"等栏目连续刊登了我在班级管理中的好经验、好做法 10 余篇。当我笨拙的文字变成铅字发表在教育教学专业刊物上时，犹如给我前行的帆以内驱力，促使我踏上了"读书—反思—实践—写作"的专业化成长道路。

2005 年至今，我已有 50 余篇教育教学案例、读书随笔及班主任工作手记在《教育科学论坛》《山东教育》《江西教育》《中小学数学》《中国教师报》等期刊杂志上发表，并有 7 篇编入《个性化备课经验》《个性化作业设计》《听名师讲课》《好课是这样磨成的》《大夏书系》等教育类畅销书在全国发行；主持的省级课题《智慧课堂的实践与研究》于 2015 年 4 月顺利结题，并获山东省优秀教育科研成果一等奖。同样是因为"读书—学习—反思—写作"的专业化成长历程，成就了我在 2007 年的全市首届名师评选活动中，成为仅有的 19 位东营市首届名师中的一员，并于 2008 年晋升为高级教师。通过我的自身的成长经历，我想告诉大家：一个教师只有肯读书，善反思，加上勤思考，愿写作，真正走上"读书—反思—实践—写作"的专业化成长道路，才能真正从教书匠的行列中走出来，成为一名真正的教师。

带动团队，共同成长

2014 年下半年，市教育局从东营市第一、二批名师中遴选出 60 位名师工作室主持人，成立以其名字命名的名师工作室，以发挥名师的辐射、引领和带动作用，并由市财政局每年拨付专项资金给予支持。当时我们区里只给了四个市级名师工作室主持人的名额，很荣幸，我被确认为其中之一，2014 年 12 月以我名字命名的"隆秀美名师工作室"正式成立。

工作室主持人，对我来说，既是荣誉，更是一份沉甸甸的责任。工作室的成立，首先让我有了思想认识上的转变，原来我只是注重个人的专业发展与成长，而成立工作室之后，就不再是一个人，而是要带动整个团队一起成长！

只要上路，总会遇到隆重的庆典。工作室成立 5 年时间（已于 2019 年 12 月届满结束），成员由最初的 11 人，发展到 40 多人，涵盖了市直、各县区及镇街道 8 所学校。5 年时间收获了工作室成员的智慧成长：1 人成长为市名师，1 人成长为市小学数学学科带头人，7 人成长为市教学能手，4 人成长为市青年骨干教师；1 人成长为区名师，20 多人成长为区学科带头人、区教学能手、区教坛新秀，形成了名师、学科带头人、教学能手、骨干教师、教坛新秀、新入职教师的梯级发展团队。在全国、省、市、区各级赛课、论文评选中有几十人次获一等奖，1 人获教育部优课，5 人获省优课，2 人执教省公开课，10 余人次获市优质课一等奖或执教市公开课，15 人次获市级优课一等奖；2018 年 6 月工作室的市级课题顺利结题，成果在全国首届名师工作室成果博览会上做交流，2016 年 11 月工作室被评为"全国中小学优秀名师工作室"。

独行快，众行远。因为"尺码"相同，我们走在了一起。工作室就是一群"尺码"相同的人在一起做着一件让小学数学教育更加有意义的事，我们在平凡的教学岗位上书写着我们的教育故事。有时为了帮年轻教师备战优质课、公开课，除了白天听评课，晚上我们还加班到10点多，以至于把同事的儿子熬得在办公室睡着；有时自己学校的班级试讲过了，还要和讲课老师驾车跑到几十里外的乡镇学校去试讲；2017年受市教科院的邀请到他们帮扶的东营区牛庄小学送教，当时为了帮孙莹莹老师备课，我们逐字逐句进行揣摩，在车上一直在讨论的情形还历历在目……记得在讲完课回来的路上，莹莹老师感慨地说："通过这次磨课，我感受最深的是团队力量真是太强大了！"全程参与磨课、指导的工作室核心成员刘学娥老师在反思中也这样写道："2016年3月17日东营区牛庄镇小学的同课异构活动，这一经历让我感觉工作室就像一个温暖的大家庭，把我们每个成员都紧紧地连在了一起。我深感工作室不是一个人在战斗，而是整个团队，团结一心，共同努力。从开始的工作室确定讲课人选，紧接着，我们一起经历说课、试教、磨课、上课的全过程，一起完成大量的教具学具的制作。讲课完成后，得到市教科院郭子平主任和周雪松主任的肯定，市内同行赞赏的目光，让我们收获着、幸福着！"张婷玉去垦利街道送课后在反思中这样写道："得知我要讲课的消息，我的感觉与以往不同，不再是焦虑、紧张，而是一种坦然与淡定。因为我知道我不是一个人孤军奋战，我身后有一个强大的团队。一遍遍地备课，一次次地打磨，在隆老师的指导以及其他工作室成员的帮助下我顺利完成授课。这次活动让我体会到团队的力量，让我感受到什么是累并快乐着。"还有和朱艳艳、陈丽、宋卫娟、武欣欣、王晓伟、张乃玲等老师一起备课、研讨的情形还历历在目……5年，我们经历了、参与了、成长了，过程虽然辛苦，讲课教师更是受尽折磨，但是看到老师们的成长，我们觉得一切辛苦付出都是值得的，在这个过程中，成长的不仅仅是讲课教师一人，而是参与备课团队的所有人。这就是团队的成长！

我和"小四班"的故事

有人说：如果一个教师不当班主任，是不完整的教育人生，是教师生涯中的遗憾。我班主任经历并不长，工作第 31 个年头儿，当班主任 13 年多，但是担任班主任的每一年、带过的每一级孩子都给我的教育人生增添了底色。

刚毕业前三年，我没有当班主任，原因是当时学校有个不成文的规定，没有特殊情况都是安排语文老师当班主任，数学老师一般就是只教两个班的数学课，除非语文老师有特殊原因不能当班主任，才会考虑数学老师。所以毕业前三年我就只教数学课，1993 年送走五年级毕业班，又接了一个新的四年级，就是前面提到的"小四班"，"荣幸"的是我第一次就当上了"小四班"的班主任（这里的荣幸是加引号的）。

之所以称这个班为"小四班"，是因为当时这个班是在招生了前三个班的基础上，后来又单独补招的一个班，这个班的孩子不仅年龄偏小，而且水平参差不齐，整体状态和成绩在一到三年级都是排在其他班级后面，一年换一个班主任，教过之后都不想再继续教，在这种情况下，领导把这个重担压在了我身上。当时仗着自己年轻、有精力、有干劲，我接任班主任后，这个班不仅是学习成绩突飞猛进，彻底甩掉了"倒数第一"的帽子，而且在班级管理及各项活动中，也是奋勇争先，走在了前列。所有这些变化，领导们都看在眼里，到五年级毕业时这个班成为全校最优秀的班级，被评为"县优秀班集体"和"省国旗中队"。家长对我更是越来越认可，转到我们班的孩子越来越多，最后达到了 95 人（到目前为止，在垦利一个班的人数应该没有突破这个数的，创下了垦利教育班额之最）。当时教室里最多只能放 72 张桌子，没办法，到了五年级的最后一个学期我们搬到了合堂教室上课。从此，这个班真正由"小四班"变成了"大四班"。而且这个班毕业那年，我还是身怀六甲送他们毕业，现在想想该有多辛苦，但是还是因为年轻，都坚持下来了。家长都说是我拯救了"小四班"，其实也是"小四班"成就了我。如果不是因为那两年我带"小四班"发生了翻天覆地的变化，领导也不会对我的工作那么认可，家长也不会对我那么心存感激。

　　"一分耕耘，一分收获"是有道理的。年轻就是有精力，不怕累。多干点，不吃亏。那年教师节，我被学校推荐为县优秀教师，爱人在 10 月 13 日"少代会"上被评为"山东省优秀少先队辅导员"，当时距离儿子出生只有一个月的时间，我们用五年的努力换来的荣誉来迎接儿子的到来，感觉也特别有意义。

我和"清华班"的故事

为什么称这个班为"清华班"呢？因为这个班是我 1998 年到 2003 年从一年级一直带到五年级的第一个班级，在课堂上我特别注重孩子的思维训练，又加上从三年级开始市县两级都要举行创新能力竞赛，我班的孩子在全县创新能力竞赛中前 10 名能占到 5 人，全市前 10 名我们班还占到 3 人。就这样这个班的孩子在小学就打下了良好的数学基础，所以在 2010 年高考中我们班的孙健、韩冰、明珠 3 人同时考入了清华大学。就像家长在孩子高考完拜访我时所说的："不能说是巧合，应该说这帮孩子太幸运了，在小学就遇到了像隆老师这样的好老师，才会创造了在高考中 3 人同时考入清华大学的奇迹（其中孙健是参加全国奥数竞赛保送的）。"当初带那批孩子时，工作经历近十年，年龄在 30 出头，相对来说应该是既有工作经验又有精力的最佳年龄段吧，所以对孩子投入得特别多，可以说是既"用心"，也"有心"。因为，我当时正在参与邱学华老师提出的"尝试教学法"的课题实验，所以在带那批孩子时，我在课堂上对新知识的处理，不是像往常一样直接讲解把知识教给孩子，而是先让孩子自己去思考，利用已有经验尝试去解决，根据孩子尝试解决过程中遇到的问题，我再做进一步的启发与引导。这样训练出来的孩子，特别善于动脑思考，主动解决问题，而且当时市县两级都在举行创新能力竞赛，因此从三年级开始，我对班里那些成绩优秀的孩子开始进行分层布置作业，让他们多做一些有难度的开发思维的题目，除了坚持"每日一题"制度，还鼓励学有余力的孩子在家多做"奥数题"，不会的问题可以来学校和同学讨论，实在不会的我再给他们讲解。就这样优秀的孩子越来越愿意挑战有难度的题目，经常会有三五成群的孩子凑在一起讨论问题，也经常会有同学跑到办公室向我请教，班级里孩子学习数学的兴趣以及你追我赶、奋勇争先的学习氛围特别浓厚，所以孩子们才会在市县两级创新能力竞赛中取得那么优异的成绩，高考更是"满堂彩"，交了一份满意的答卷。

由此也可以看出，小学教育对一个人一生的影响是多么的巨大，英国哲学家亚当斯说过："一个教师的影响是永恒的……"正如我教的这个"清华班"的学生孟凡非在考入大学后第一年元旦给我寄的明信片上写的："老师，您是我从小到大最喜欢的老师，也是最敬佩的老师，我能取得今天的成绩，全靠您当年帮我养成的良好习惯……隆老师，谢谢您带着我赢在起跑线上！最后，祝老师您身体健康，生活幸福。"

考入清华大学的孙健在给我的留言中这样写道："老师，我能通过竞赛保送也跟您从小打下的好的数学基础有很大关系，现在选修了数学的双学位，跟老师做课题研究，也是偏数学应用的……希望您身体健康，放假回家有时间一定一起再去看您！"

也是这个班，在一年级第一次期末考试时，当时班里是54名孩子，有50人数学成绩是满分，这也是自我任教以来从来没有被突破过的成绩。所以这个"清华班"的孩子确实创造了很多奇迹。自从带出了"清华班"这样一批优秀的孩子，以后我带的班级都是从一年级一直带到五年级，我带过的每一级孩子，到了中学，老师普遍反映从学习习惯到思考习惯都明显高于其他班级的孩子，所以现在每年接新的一年级班，很多家长都说是慕名愿意把孩子送到我的班里来，也包括学校老师家的孩子。其实所有这些，都是因为我们之前教过的孩子及家长在无形中做着宣传。可能与我教的这个"清华班"也有关系吧。

我和"书信班"的故事

称这个班为"书信班",是因为我教这个班的时候,正好是校园读书氛围最浓的时候,当时我不但读书、反思、记录班级里孩子的成长故事,还建立了"班级博客",坚持每月给家长写一封信,和家长沟通孩子们最近一个月的学习状态和学习情况,得到家长大力支持和认可。我不仅自己发表一些教育教学文章,还指导孩子们写数学日记,每学期给他们整理装订成册,这对孩子来说是很大的鼓励和动力,好的文章,我也会给他们投稿,多名同学的数学日记发表在《当代小学生》《辅导员》和《小学生数学报》等杂志上。

附:2007 年 5 月 16 日班级博客建立时写给同学和老师的信:

亲爱的同学们:

我们的班级博客今天终于建成了,祝贺我们!

建立我们班级自己的博客,这是我很早以前就有的想法,今天终于实现了这个愿望,在网上拥有了我们自己的家园——"我们要做好孩子",四年级二班班级博客。它是我们学校建立的第一个班级博客,以这种形式加强老师、家长和你们之间的沟通与交流,这是对全校同学的一种引领。从这个意义上说,我们更应该经营好我们的博客,使它真正成为家长、老师、同学交流的平台,展示你们的舞台。希望大家踊跃撰稿、踊跃发言,这儿是你抒发情怀、播撒美文佳作的天地;"朋友是一面镜子",这儿也是我们互赠箴言、真诚进谏的空间;各言其说、各抒己见,这儿也是你们高谈阔论、雄姿英发的场所;伤心的时候也可以来这儿散散心，看到同学、老师、家长对你的鼓励的话语，相信你的伤心事马上会被抛到九霄云外……同学们，这是我们自己的家园，它需要我们精心经营，如此才能使它激情四射、永放光芒。

尊敬的家长：

　　四年级二班班级博客的开通，也离不开您的支持。孩子的成长永远也少不了你们的殷切关注。这儿不仅是展示孩子们的平台和天地，也是加强我们家校联系的主渠道。充分利用网络平台，加强我们的联系，这应该是信息时代的特点。能在这儿与您交流，会比其他所有通信手段都要省时、省力、省钱，更重要的是这儿不受时间、空间的限制，什么时候有时间就可以上来看看，给孩子留个言、给老师提个建议，家长之间也可以互相交流，形成生生、师生、师长（老师和家长）、长长（家长和家长）多方位交流的广阔空间，这是多么宝贵的资源，我们何不利用呢？

　　家长朋友们，这儿少不了你们的身影，希望你们也能积极踊跃地参与进来，成为我们家园的一分子，只有这样，我们这个家才算"完整"。

新学校，新起点，新征程

30年，我一直扎根在同一所学校。20世纪90年代，我所在的垦利区第一实验小学地处县城的中心城区，30年后，随着城市向东南方向发展，现在一小已成为县城中最西北角的老城区。2020年8月，新的学期，因工作需要，我调入了一所新建学校（垦利区第四实验小学），成为新学校的第一批"开荒者"。新学校、新起点、新征程，在这里我将见证新学校的成立、发展，见证年轻教师的成长。我将一如既往地发挥我的余热，发挥好名师、老教师的传帮带作用，带动更多年轻教师迅速成长。

新建学校虽然只有10位数学老师，而且有3位是从中学转岗、转学科过来的，但是每位教师工作积极性都特别高，凝聚力强。每周的周三教研时间我们会聚在一起或集体备课、或听评课、或专项研究、或读书交流，为年轻教师、转岗教师进行耐心的培训与指导。和我教平行班的是从中学转岗过来的一位老师，她已经有20多年的教学经历，而且还执教过省级公开课，但是因为是转岗转学科，对小学数学教材不熟悉，所以每次上课前，她都会虚心向我请教，我也会耐心地指导，帮她分析每节课的教学目标、重难点、知识生长点等，办公室、教室、走廊都留下了我们师徒共同探讨研究的身影。

名师展示课、新秀亮相课、师徒结对课，3个月我们听了每位老师的课堂展示。听完新秀教师亮相课，我对我们团队的青年教师更是充满了信心，年轻人勤学好问，进入状态非常快，经过3个月的学习实践，已完全适应了小学的教学模式，而且课上得很出色。3个月的时间，我们学校有1人参加市教学能手遴选公开课；3人执教区公开课，1人在全区教研专题会上做报告。在区暑期培训反思评选中我校推荐的4篇案例反思均获一等奖，我又一次获全区第一名。年轻的孙莹莹老师在市区"一师一优课"比赛中，获区小学数学学科第一名、市第三名的成绩获得市区两级"一师一优课"一等奖，并经过层层遴选被推荐为"东营市青年骨干教师重点培养对象"。看着莹莹的成长，我很欣慰，因为她是 6 年前我的工作室成立时的第一批成员，也是我一直重点培养的对象，今年又跟随我一起来到了四小，之所以在短短几个月内，在业务上会取得这么多的荣誉，不是一蹴而就的，而是厚积而薄发。看到她取得的成绩，在欣喜之余，和她备课时的一桩桩、一幕幕又呈现在眼前：准备区公开课，我和张学霞老师陪她去三小试讲后，在车上讨论每一个环节如何改进，不知不觉中就过了一个小时，炎热的天气我们竟然没有感觉出车上的闷热；帮她修改教案，我会在她教学设计基础上逐一修改，修改后她的感觉是："隆老师，我感觉很困惑不知如何处理的地方你都给我修改了，你真是太厉害了！"为了帮她设计"回顾整理"环节，我早上 5 点起来亲自帮她修改课件；准备"一师一优课"，因为只有一天的备课试讲时间，一天连轴转，在上完自己课的基础上帮她听了 3 遍，发现问题我又和她进行梳理并修改，她还不放心，放学后在没有学生的情况下，又单独给我模拟试讲了一遍。讲完时，虽然早已下班很长时间了，夜色降临，漆黑一片，如果不是有门卫大哥还在学校大门值守，我俩在这荒郊野外的新建校园感觉还真有点儿害怕。不过这种教研状态在我成立工作室的几年时间里，已成为常态，所以也习以为常。第二天"一师一优课"录课，她正常发挥，取得了区第一名、市第三名的好成绩。另外市小学数学学科带头人张学霞老师、区教学能手许兰贞老师分别执教区公开课；我作为市名师在区"低年级数学学习培养"专题研讨会上做《好习惯、好素养》专题报告；刚刚毕业不足 5 年，而且是转岗由中学到小学的刘建真老师，在"东营市青年骨干教师重点培养对象"推荐中，表现突出，列全区 18 位参赛选手中的第 5 名，由于推荐名额有限，虽然没有被推荐，但是也足以看出她的实力和可发展性。

开学仅 4 个月时间，我带领我校数学老师积极参加市区或网络培训教研活动，每次出勤率都是最高的，得到区教研员王老师的高度认可。新学校，新起点，新征程，我们一起学习、共同成长。相信我们的明天更美好。

现在我不再是为一所学校而老，而是为垦利教育而老，不管在一小还是四小，我都会竭尽全力对待我教的每一个孩子，全心全意帮助每一位需要帮助的年轻教师。看着一批批孩子慢慢长大，看着一批批年轻教师迅速成长起来，对我来说是一种幸福，我很享受这种幸福。

后　记

以上文字既是对我30年教育教学历程的总结，也是我2004年至今，坚持走在"读书—实践—反思—写作"的专业化成长道路上，记录自己及孩子们的成长故事，形成的近20万字的书稿。当我笨拙的文字变成铅字形成教育教学专著出版时，犹如给我前行的帆以内驱力，激励我向着更高、更远的目标迈进。在教育这片沃土上，我每天乐此不疲地耕耘着、收获着、享受着"加减乘除"带给我的幸福与快乐。

30年做老师，30年学做老师。1990年至2021年，19岁到50岁。容颜已变，初心未改；老骥伏枥，志在千里……老不意味着刀钝，不意味着精神不再；老当益壮，壮心不已。老不是借口，不是理由；老是责任，是担当。老就得老得让年轻人服气，得让自己高看自己一眼。只要和孩子们在一起，我就永葆童心，我还会在教育战线上继续奋战，为教育事业发挥自己的光和热。

秀美于2021年2月1日